novum pro

Karin Reluc

MegapeKaLi

Meine ganz persönliche Katzenliebe. Mit vielen Erinnerungen zurück bis zum 2. Weltkrieg

novum pro

www.novumverlag.com

© 2021 novum Verlag

Bibliografische Information
der Deutschen Nationalbibliothek:

Die Deutsche Nationalbibliothek
verzeichnet diese Publikation in
der Deutschen Nationalbibliografie.
Detaillierte bibliografische Daten
sind im Internet über
http://www.d-nb.de abrufbar.

Alle Rechte der Verbreitung,
auch durch Film, Funk und Fernsehen,
fotomechanische Wiedergabe,
Tonträger, elektronische Datenträger
und auszugsweisen Nachdruck,
sind vorbehalten.

ISBN 978-3-99107-748-0
Lektorat: Melanie Dutzler
Umschlagfoto: R. Luckmann
Umschlaggestaltung, Layout & Satz:
novum Verlag
Innenabbildungen: R. Luckmann

Die von der Autorin zur Verfügung
gestellten Abbildungen wurden in der
bestmöglichen Qualität gedruckt.

Gedruckt in der Europäischen Union
auf umweltfreundlichem, chlor- und
säurefrei gebleichtem Papier.

www.novumverlag.com

Aller Anfang ist schwer

Aller Anfang ist schwer – das wird schon seit über 1000 Jahren so einfach gesagt, aber wo und wann ist der richtige Anfang?

Ich bin keine „Schreiberin", doch fühlte ich mich manchmal in diese Nische gedrängt. Das A vom Anfang haben sozusagen unsere ersten beiden Katzenkinder – Ruby und Rawi geschrieben. Kamen Freunde, Verwandte, oder Nachbarn zu Besuch, erschienen die beiden Katzen auf der Bildfläche. Nach einer gewissen Zeit – es war schon fast zur Routine geworden – kam die Frage: „Na, was habt Ihr denn inzwischen wieder alles angestellt?"

Es kam ja auch immer etwas Neues hinzu. Irgendwann sagte ein Freund meines Mannes: „Schreib doch alles mal auf, das ist so interessant." Oder: „Hast du schon alles aufgeschrieben? Die Zeitungen suchen doch manchmal solche kleinen Geschichten."

Als mein Mann vor vielen Jahren von einem Verlag den Auftrag erhielt, ein Fachbuch über den Guppy zu schreiben, hatte er eine bestimmte Grundlage. Mein Mann war einer der Punktrichter bei nationalen und internationalen Guppyausstellungen und veranstaltete Seminare und Kurse. Dabei war die Genetik das Hauptthema. Er war auch Anfang der 1980er Jahre mehrere Male auf dem Hochkar in Österreich dabei, als die internationalen Bewertungsregeln für die Guppyausstellungen neu aufgestellt wurden. Dabei lernte er auch Guppyzüchter aus der DDR und vielen anderen Ländern kennen, was sehr interessant war. Die Züchter aus der DDR durften ja nicht zu uns in die BRD reisen, doch Österreich war kein Problem.

Von einem Verlag war jemand auf meinen Mann aufmerksam geworden, wohl wegen seiner Kenntnisse über die Genetik. Bis zu diesem Zeitpunkt gab es zwar schon viele Bücher über diesen kleinen Fisch, auch „Millionenfisch" genannt, doch es gab noch kein Buch, in welchem einem Zuchtanfänger die Genetik (Vererbungslehre) von Anfang an und in einzelnen kleinen Schritten auf einfache Art erklärt wurde.

Mein Mann musste nicht lange überlegen, denn die Vererbungslehre hatte ihn schon als Kind sehr interessiert. Damals waren es zwar Pferde, die sein Interesse für die Genetik weckten, doch später war an Pferdezucht nicht zu denken. Jedoch wurde er einige Male von Pferdezüchtern der Umgebung zu Hengstauktionen eingeladen oder um seine Meinung oder seinen Rat gefragt, welcher Hengst zu welcher Stute passte. So nahm er manches Mal an diversen Veranstaltungen teil, z. B. in Celle, Verden oder Marbach.

Wie schon erwähnt, fesselte ihn die Vererbungslehre schon immer sehr, und mit dem Guppy konnte er sich „austoben". Es ist ja auch ein spannendes, aufregendes Thema. Der Guppy soll der einzige Fisch sein, welcher genetisch verändert werden kann. Er hat genau so viele Chromosomenpaare wie der Mensch (23). Und mit X- und Y-Chromosomen hatte sich mein Mann schon lange beschäftigt. Er erklärte es mir einmal so (ich glaube, es war etwas übertrieben): „Wenn du einen lilafarbenen Guppy mit gelben Flossen haben möchtest, kannst du das durch Selektion irgendwann erreichen."

Einmal brachte ein Guppyfreund meinem Mann von einer Reise Wildguppies aus Amerika mit. Diese sind ja völlig farblos. Mein Mann versuchte über viele Generationen, Farbe auf diese Guppies zu bringen.

Aber bei mir spielte die Liebe zu Katzen eine Rolle. Doch Mega-pe-Ka-li, meine ganz persönliche Katzenliebe, für jemanden aufschreiben? Nein, habe ich gedacht, das interessiert doch niemanden. Außerdem war das alles für einen kurzen Artikel in der Zeitung zu viel. Dies war jedenfalls meine Meinung.

Und nach geraumer Zeit, als wieder einmal im kleinen Freundeskreis die Frage kam: „Hast du schon etwas geschrieben?", habe ich es mir doch überlegt und fing einfach an, zu erzählen bzw. meine Erlebnisse auf Papier zu bringen.

Dafür musste ich erst einmal in meiner mit vielen beschriebenen, kleinen Zetteln gefüllten Kiste stöbern, nicht ahnend, dass mit diesen Erlebnissen meine Erinnerungen zurück bis zum Ende des Zweiten Weltkrieges geweckt wurden.

Erinnerungen

Herbst – ein trüber Sonntagmorgen. Genauer, es war der 8. November, und nichts, aber auch gar nichts deutete auf irgendetwas Außergewöhnliches oder Besonderes hin. Also ein schöner gemütlicher Herbstsonntag, vielleicht ein Spaziergang durch buntes raschelndes Laub? Ja, das war schon verlockend.

Das Frühstück stand auf dem Tisch. Als das Kaffeewasser kochte, kam mein Mann in die Küche: „Schalte den Wasserkocher mal ab, wir fahren vorher noch weg."

Auf meinen fragenden Blick erwiderte er nur: „Lass dich überraschen."

Als wir im Auto saßen, sagte mein Mann: „Du wolltest doch immer eine Katze. Das Tierheim hat auch sonntags bis 10 Uhr geöffnet."

Ich schluckte und war erstmal sprachlos. „Du warst doch bis jetzt immer gegen eine Katze, wegen der Vögel im Garten", sagte ich.

„Ich habe mich ein bisschen schlau gemacht, Katzen sind ja auch nützlich. Lass uns jetzt mal schauen", entgegnete mein Mann.

Während dieser kurzen Fahrt bis zum Tierheim wurden Jahrzehnte meines Lebens durcheinander gewirbelt, meine Gedanken wanderten zurück in meine Kindheit. Vertreibung aus der Heimat, Niederschlesien, nicht begreifend, warum die ganze Aufregung. Ein Blick zurück zu meiner Katze, die uns hinterherlief. Warum durfte meine Katze nicht mit? Ich bekam damals keine Antwort.

„Wir sind da", hörte ich die Stimme meines Mannes. Es dauerte einen Moment, bis ich wieder in der Gegenwart war. Mein Herz raste vor Aufregung, ich war plötzlich so hoffnungsvoll, spürte fast die sprichwörtlichen Schmetterlinge im Bauch. Vielleicht war im Tierheim ein Kätzchen, welches auf mich wartete? Ein Wunder an diesem trüben Herbstmorgen?

Wie drückte es Toulouse-Lautrec einmal aus? „Der Herbst ist der Frühling des Winters."

Beschwingt gingen wir zum Eingang des Tierheimes und äußerten unseren Wunsch.

„Es tut mir leid, aber im Moment haben wir keine Kätzchen abzugeben", sagte die Dame. „Das heißt, wir haben kleine Kätzchen, doch sie sind alle krank, sie haben Katzenseuche und sollen morgen erlöst werden."

Des Weiteren erklärte uns die Dame, dass die Hunde im Tierheim morgens und abends auf dem Gelände Freilauf hatten, um sich ein bisschen austoben zu können. Bei diesem Freilauf am vergangenen Sonntag stöberten die Hunde am Ende des Zaunes eine Kiste mit fünf kleinen Kätzchen auf. Jemand hatte sie in der Nacht wohl einfach über den Zaun geworfen.

„Es war ein großes Glück für die Kleinen, dass eine Katze hier zwei Tage zuvor ihre Jungen verworfen hatte und diese kleinen aufgestöberten Kätzchen hier von ihr angenommen wurden. Doch der Tierarzt stellte bei der ersten Untersuchung fest, dass sie alle schwerkrank sind."

Eine Katze miaute. Ich wollte kämpfen! So nah dran und kein Kätzchen für mich?

„Darf ich sie mal sehen?" fragte ich.

Mich traf ein erstaunter Blick. Wer hatte schon Interesse an so kranken Tieren? „Natürlich, doch es ist wirklich zwecklos", erwiderte die Dame.

Der Anblick war herzzerreißend. Die Augen waren bei allen verklebt, vereitert, teils mit Krusten verschlossen, ebenso Nasen und Ohren. Einfach schlimm, so etwas zu sehen. Bei einem kleinen Kätzchen schleifte das kleine Bäuchlein am Fußboden entlang, sie tat mir so leid.

In ein Kätzchen hatte ich mich trotzdem verliebt. Oder war es Mitleid? Ich fragte: „Könnte ich es nicht wenigstens versuchen?"

Wieder ein erstaunter Blick zu mir, und nach kurzem Überlegen entgegnete die Dame: „Das können Sie, doch es gibt kaum Hoffnung und macht sehr, sehr viel Arbeit."

Ich war nicht mehr zu bremsen und wollte dieses „Würmchen" retten. Die Dame notierte sich unsere Adresse und Telefonnummer. Sie holte einen kleinen Karton, setzte das Kätzchen hinein und ich lief ganz vorsichtig mit meiner Fracht zum Auto. Glücklich saß ich mit dieser kleinen Schachtel auf meinen Beinen neben meinem Mann auf der Fahrt nach Hause.

Das Frühstück musste warten, die Katze ging vor. Ich suchte eine flache Kiste und holte Sand aus dem Garten, welchen wir noch vom Bau unseres Hauses liegen hatten. Das kleine erbärmliche Etwas legte ich auf eine Decke, stellte ein Schälchen mit Wasser dazu und nun hieß es abwarten.

Nun war das Sonntagsfrühstück an der Reihe. Die Eier waren inzwischen kalt, schmeckten aber auch so. Ich warf immer wieder einen Blick zu dem kleinen Wesen. Sie bewegte sich nicht, lag einfach nur da.

Während wir frühstückten, inzwischen war es ja schon fast Mittag, erschien unser Sohn auf der Bildfläche. Als er die Katze erblickte und eine Weile beobachtete, rutschte ihm nur ein „Ach, du Schreck!" heraus.

Das war schon ein aufregender Tag, und so huschten vor dem Einschlafen meine Gedanken wieder in meine Kindheit, in meine Heimat nach Schlesien. Vor der Vertreibung die vielen Bombenangriffe, Fliegeralarme. Bei einem Alarm mussten alle Menschen immer schnell in einen Keller. Kam ich nicht schnell genug mit, packte mich jemand und schleifte mich mit, hob mich manchmal über etwas. Irgendwann erfuhr ich, dass dieses Etwas tote Menschen waren. Unbeschreiblich! Es war nur entsetzlich, grausam, Aufregung pur, Chaos – und immer wieder diese lauten Schreie, welche sich in meinem Inneren bis heute verankert haben.

Als wir nach einem Bombenalarm wieder einmal in einem Keller saßen, begann mein älterer Bruder, mit einem Stöckchen Striche auf den Untergrund zu ziehen. Ich glaube, er sollte mich ablenken. So erklärte er mir langsam das ABC, viele Buchstaben haben ja gerade Linien und bei E oder F musste man nur zwei Rundungen daran malen und so war es ein B oder P. So ging es immer weiter. Aus einem V wurde, auf den Kopf gestellt und ein kleiner Strich in der Mitte, ein A. Allerdings lernte ich nur große Buchstaben. Mein erstes gekritzeltes Wort auf dem Kellerboden war LAUBAN, unsere Heimatstadt.

Sobald ich später einen Zettel und Bleistift bekam, notierte ich nur Worte mit Fragezeichen. Alles, was ich nicht verstand und oft unerträglich anzusehen war, erfragte ich danach. So ist es bis heute geblieben, alles, was mich emotional beschäftigt, ob positiv oder negativ, schreibe ich auf, um es besser verarbeiten zu können.

Montagmorgen, wieder im Jetzt, musste ich natürlich zuerst zu dem Kätzchen sehen. Es war das gleiche Bild wie am Sonntag, sie lag einfach nur da.

Kurz darauf klingelte das Telefon, ich erschrak, als eine sehr laute Stimme erklang: „Sind Sie wahnsinnig??? Ich komme eben in das Tierheim, um die Kätzchen zu erlösen, und erfahre, dass Sie eine davon mitgenommen haben." Es war der Tierarzt.

Ich versuchte zu erklären und fügte traurig hinzu: „Aber sie rührt sich nicht, sie liegt einfach nur da."

Es war still in der Leitung, lange still, endlich hörte ich den Tierarzt: „Eine Möglichkeit wäre, Sie holen ihre Ziehmutter."

Gesagt, getan! Mein Mann war noch zu Hause, also fuhren wir schnell, bevor er zur Arbeit musste, zum Tierheim und holten die Ersatzmutter, eine riesengroße schwarze Katze.

Die Kleine wollte gleich zu ihr, doch das schwarze „Ungeheuer" fauchte nur und biss sie weg. Es sah schon makaber aus, die Riesenkatze und diese Handvoll krankes Fell.

Am späten Nachmittag rief ich den Tierarzt an und berichtete ihm das Beobachtete (wir kannten uns, unsere Söhne gingen früher zusammen in den Kindergarten).

„Habe ich mir schon fast gedacht", antwortete er, „diese kurze Zeit hat zur Entfremdung geführt."

Es entstand eine lange Pause. Endlich hörte ich seine Stimme wieder: „Mein Vorschlag: Wenn Sie meinen, Sie müssen so etwas tun – da ist noch so eine kleine Katze, die Schwester von der, die Sie mitgenommen haben, die ist noch schlimmer krank, hat dazu noch einen Nabelbruch. Sollte das Wunder geschehen und Sie schaffen es, könnte ich diese Katze später operieren und an jemanden vermitteln. Ich helfe Ihnen mit Medikamenten, aber die Pflege und Versorgung liegen in Ihren Händen."

Ich stimmte allem zu, war so voller Hoffnung. Der Arzt gab mir einige Ratschläge, was ich noch so alles tun könnte.

Als mein Mann von der Arbeit nach Hause kam, brachten wir die „Riesenkatze" in das Tierheim und holten dafür die andere kleine Katze. Es war genau die Katze, welche mir am Sonntagmorgen am meisten leidgetan hatte. Doch bei dieser glaubte ich nicht, sie retten zu können, so krank wie sie aussah, das ganze kleine Gesicht nur vereitert, der Bauch schleifte zwischen den kleinen Beinchen hin und her. Doch ich wollte helfen, also nahmen wir diese kleine Patientin mit.

Zu Hause legten wir sie sanft neben ihre Schwester. Wie schön, die beiden kuschelten sich sofort zusammen. Ich freute mich und musste vor Freude weinen. Kurz danach fraßen sie sogar, ich war glücklich. So neigte sich dieser aufregende Tag dem Ende zu und meine Gedanken gingen wieder auf Zeitreise, in meine Kindheit.

Einmal nachts nach vielen tieffliegenden Bombern war der Himmel plötzlich blutrot. Alle Menschen schrien, hasteten in irgendeinen Keller. Später wurde gesagt, Dresden brannte.

Für ein Kind war alles unbeschreiblich aufregend. Was bedeutete „Dresden brennt"?

Nach dem Brand in Dresden fielen zwar nur noch wenige Bomben, doch die Aufregung endete nicht.

Warum sind Erinnerungen so hartnäckig? Nach aufwühlenden, erinnerungsträchtigen Nächten wachte ich manches Mal zerstreut auf und war erleichtert, dass es nur Erinnerungen waren.

Der Kampf um die Gesundheit meiner kleinen Katzen begann. Mehrmals täglich wickelte ich jeweils eine Patientin in ein Tuch. Nur das Köpfchen blieb frei, denn die kleinen Krallen waren scharf und was ich tun musste, bereitete ihnen große Schmerzen. Ihre

Augen und Nasen tupfte ich ab und holte möglichst viel Krabbelndes aus den Ohren – wie gut, dass es Wattestäbchen gab. Die beiden hatten Hunger und begannen zu fressen, doch alles, was sie auch fraßen, kam an zwei Stellen wieder heraus.

Ich zitterte selbst, es tat mir so leid, doch es musste ja sein. Erstaunlich war, dass sie nach jeder Behandlung flohen und flugs nach kurzer Zeit wieder auf meinen Schoß hopsten. Sie spürten wohl, dass nichts Schlimmes hinterher kam und die Behandlungen gut für sie waren.

So fiel ich vor dem Einschlafen immer wieder in die Erinnerungen.

Schon ein paar Tage nach dem Brand in Dresden wurden wir aus unserer Wohnung geholt, nein, nicht geholt, wir wurden gezwungen, heraus zu kommen. So ist es oft geschehen.

Von 1945 bis 1947 wurden wir 11-mal aus der jeweiligen Wohnung geholt, in der wir Unterschlupf gefunden hatten, so sagte meine Mutter. In Erinnerung sind mir so einige geblieben.

Nachts wurden Türen eingeschlagen, wir mussten alle raus, so wie wir waren, nur in Nachtwäsche, und es war manchmal sehr eisig. Die Leute, die uns hinaus schubsten, waren alle gleich angezogen. Mir machten sie große Angst, jeder von ihnen hatte so einen langen Stab in der Hand. Mit diesem wurde auch manchmal nachgeschlagen, wenn es nicht schnell genug ging. Irgendwo stand ein Lastwagen oder ein Pferdewagen kam, und wir wurden weggebracht. Mal kamen wir in eine Kirche, in ein Kloster, auch zweimal in die Tschechei, nach Rumburg.

Wir hatten in Lauban zwei Katzen, eine gescheckte Katze (Susi) und einen schwarzen Kater (Peterle). Durften wir wieder in unsere Stadt zurück, in unsere Straße, erschienen nach kurzer Zeit auch die Katzen wieder, obwohl wir ja fast immer in einer anderen Wohnung Zuflucht fanden, in der die Türen noch abzuschließen waren.

Einmal brachte uns ein Pferdefuhrwerk zu einem verlassenem Bauernhof. Alle Türen und Fenster waren kaputt, es war schlimm. Von dem Bauernhof konnten wir nach kurzer Zeit auch wieder zurück, mussten aber zu Fuß gehen. Die ganze Straße war voller kleiner Löcher. „Tretet ja nicht in so ein Loch! Da sind Minen drin." Was

Minen waren, wusste ich bis dahin nicht, begriff aber bald danach, dass es etwas ganz Schlimmes war.

Plötzlich war weit vor uns ein Knall, ohrenbetäubender Lärm. Alle Menschen blieben stehen, alle stockten und warteten. Nach geraumer Zeit liefen alle langsam weiter, wir konnten kaum etwas sehen, nur stinkender Rauch kam uns entgegen. Später wurde gesagt, dass ein Pferdefuhrwerk mit Flüchtlingen auf eine Mine gefahren sei.

Als wir an diese Stelle kamen, hörte die Straße plötzlich auf. Vor uns klaffte ein riesengroßes Loch. Rechts und links war Wald, in den wir ausweichen mussten. Überall lagen tote Menschen, schlimm. An dem Loch weinte bitterlich ein kleines Mädchen. Tief unten in dem Loch lag jemand. War es ihre Mutter oder Vater? Einfach grausam!

Als wir nach so einem „Herauspeitschen" wieder einmal zurück konnten, war wohl keine Wohnung mehr zu bewohnen und wir wurden irgendwo vor einem kleinen Häuschen abgesetzt.

Eines Nachts war dort viel Lärm, wir wurden aus dem Schlaf gerissen, mussten uns alle vor dem Haus aufstellen. Es war so kalt. Im Haus knallte und krachte es – einfach unheimlich! Danach kamen vier Menschen heraus, auch eine Frau war dabei.

Von meinem großen Bruder hatte ich inzwischen erfahren, dass diese gleiche Kleidung Uniformen und die „langen Dinger" in ihren Händen Gewehre waren.

Kurz darauf war lautes Gerede. Verstehen konnte ich nichts, es klang so anders. Die Frau zeigte mit so einem Gewehr auf mich und wurde laut. Plötzlich riss mir Mutti meine Puppe, an die ich mich klammerte, aus dem Arm und gab sie der Frau. Dann war der Spuk vorbei, wir durften wieder in das Haus. Schlimm sah es aus, die Betten waren aufgeschlitzt, Gläser kaputt geschossen, Schränke durchwühlt.

Doch das Schlimmste für mich war: Warum hatte mir Mutti die Puppe weggenommen?

Viele, viele Jahre danach – wir waren schon in den „Westen" geflohen – brachte ich einmal das Gespräch darauf. Meine Mutter sah mich mit großen Augen an, es dauerte eine ganze Weile, bis sie etwas sagte. „Ich habe gehofft, du hast das vergessen. Wenn die Uniformierte deine Puppe nicht bekommen hätte, wollte sie dich erschie-

ßen!" Es war ein Schock für mich und ich begann, mir Vorwürfe zu machen, denn ich fing damals an, trotzig zu werden. Für meine Mutter war es manchmal bestimmt nicht leicht.

Aus diesem kleinen Haus zwangen sie uns auch bald wieder heraus, und als wir zurückgebracht wurden, konnten wir in unsere alte Wohnung. Diese ließ sich nicht mehr abschließen, die Fenster waren alle eingeschlagen, alles durchwühlt.

Plötzlich ein Miau, die beiden Katzen waren da – was für eine Freude!

Inzwischen konnten wir auch nicht mehr die Toiletten benutzen. Diese befanden sich jeweils zwischen den Etagen auf halber Höhe und waren alle verstopft, denn die Uniformierten sollten Kartoffeln und vieles mehr darin gewaschen haben.

Nun mussten Ersatztoiletten geschaffen werden. Die Häuserblocks waren wie ein „U" gebaut, die Courbière-, Seeckt- und Bismarckstraße. Es war ein riesiger Innenhof, in welchem entlang der Häuserblöcke ein schmaler Gartenstreifen angelegt war. In der Mitte dieses „U"s wurde ein langer Graben ausgeschaufelt und über diesem eine sehr lange Holzbaracke mit vielen schmalen Kabinen aufgestellt.

Als ich einmal in der zweiten Toilette war, hörte ich laute Schreie. Durch einen Ritz sah ich, wie drei Männer in Uniform eine Frau heranzerrten. Ich begann zu zittern, aber sie gingen durch die erste Tür. In einem Brett war ein kleines Astloch. Was diese Männer mit dem Mädchen (Frau) machten, war entsetzlich. Einer hielt ihr den Mund zu, die beiden anderen rissen ihr die Kleidung vom Leib und zogen ihre Beine auseinander und kneteten wie Teig zwei runde Kugeln an ihrem Oberkörper. Ich hatte bis dahin noch keine nackte Frau gesehen und fragte später meine Mutter später, was das für Kugeln seien. Es waren ihre Brüste.

Jedenfalls zitterte ich nur, traute mich kaum zu atmen vor Angst und auch nicht, die Toilette zu verlassen.

Irgendwann war der Wahnsinn vorüber und ich war erleichtert, als die Uniformierten weggingen. Durch das kleine Loch sah ich die schluchzende, nackte, zusammengekauerte Frau.

Das war und ist immer noch einer meiner schlimmsten Albträume.

Einige Tage später kam mein Onkel Willi vom Land und ich erfuhr, dass er unsere Katzen abholen wollte.
„Warum?" fragte ich.
Mutti erklärte mir und meinen Brüdern: „Wir müssen hier weg und können sie nicht mitnehmen."
Ich weinte, so sagte mein Onkel: „Gut, ich nehme sie heute noch nicht mit."
Glücklich drückte ich meine Susi an mich, lief mit ihr zum Fenster (inzwischen ja ohne Scheiben) und wollte meinem Onkel winken. Er winkte zurück, da sah ich ein schwarzes Köpfchen aus seinem Rucksack schauen. Er hatte Peterle mitgenommen. Ich war fassungslos und weinte sehr.

Über diese Erinnerungstränen kam dann doch der erlösende Schlaf, doch am Morgen war ich wieder im Jetzt.
Jeder Morgen begann nun fast immer gleich. Ich schaute, wie es den kleinen Patienten ging. War ich zu Hause, zog ich einen weißen Kittel an, welchen ich noch vom Beruf her hatte, und steckte so eine „Handvoll" links, die andere rechts in eine Tasche. Sie wogen ja kaum 300 Gramm.
Diese „Nestchen" gefielen ihnen sehr, doch sie nahmen immer mehr ab. Ich war so aufgewühlt und fragte mich, ob ich das alles schaffen würde.
So zogen meine Gedanken nachts vor dem erlösenden Schlaf wieder in die Vergangenheit, in meine Heimat.

Einige Tage, nachdem mein Onkel Kater Peterle abgeholt hatte, erklärte uns Mutti: „Wir müssen hier fort und können nur das Nötigste mitnehmen."
„Und meine Susi?" fragte ich.
„Sie muss hier bleiben." Sie nahm mich in den Arm. „Sie kann nicht mit."
„Was ist denn los, wo müssen wir denn hin?", fragte ich.
Mutti weinte: „Ich weiß es nicht, aber wir müssen bald unsere Heimat verlassen."

Nach solchen Gedanken in die Erinnerung ließ der Schlaf manches Mal lange auf sich warten und ich entschloss mich, am Morgen den Tierarzt anzurufen.

Noch vor dem Frühstück rief ich an und schilderte ihm alles.

Nach einer Weile sagte er: „Eine Katzenmutter würde ihren Jungen zerkleinerte Mäuse geben. Die Kätzchen brauchen diese kleinen Knöchelchen mit ihren ganzen Bestandteilen. Ein Versuch wäre, Hühnerklein zu kochen und dann durch den Fleischwolf zu drehen."

Ich probierte das aus und sie fraßen. Langsam fügte ich noch Haferflocken und Möhren dazu. Sie fraßen alles, doch es kam weiter an zwei Stellen heraus.

So langsam begann die Adventszeit. Ich machte mir Sorgen, dass ich es nicht schaffen würde. Die beiden nahmen immer weiter ab. Der Arzt gab mir den Rat, sie in der Tierärztlichen Hochschule vorzustellen. Sofort rief ich an und bekam für Anfang Januar einen Termin.

Die Weihnachtszeit war sehr aufwühlend für mich. Ich war froh, als endlich der Januar kam und wir zur TiHo fahren konnten.

Nach gründlicher Untersuchung meinte der Arzt ernst: „Es gibt für die Kleinen fast keine Hoffnung." Er gab mir eine Packung. „Sie können es noch mit diesem Medikament hier versuchen. Wenn es nicht hilft, müssen diese Kleinen erlöst werden."

Sehr bedrückt und traurig fuhren wir nach Hause. So langsam begann auch ich abzunehmen.

Es blieb weiter so, nachts wanderten die Gedanken immer wieder in die Vergangenheit.

Der Tag der Vertreibung war da. Wir mussten zu einer bestimmten Zeit am Bahnhof sein. Ein paar Pappkartons und ein kleiner Koffer wurden auf einen Leiterwagen gepackt und wir liefen los.

Ich weinte, ein Blick zurück, Susi kam hinterher. Das letzte Bild, bevor wir um eine Ecke gebogen sind: Susi saß auf einem Zaunpfahl und schaute uns hinterher.

Am Bahnhof standen mit Stroh ausgelegte Viehwaggons ohne Fenster, sondern nur mit kleinen Schlitzen, durch welche wir kaum etwas sehen konnten. So viele Menschen wie möglich mussten in einen Waggon. Wir saßen eng aneinander gedrückt und jeder weinte.

Langsam fuhr der Zug los, als ob es ihm auch schwerfiel, abzufahren. Irgendwann hielt er an, die Türen wurden von außen geöffnet. Nachtgeschirr konnte entleert werden, wir durften kurz hinaus, hinter einem Busch verschwinden oder unsere Beine vertreten.

Kurz danach wurde laut geklingelt, wir mussten alle wieder einsteigen, ein Mann zählte die Leute, Thermosflaschen wurden mit Wasser gefüllt und weiter ging die Fahrt.

Unsere mitgenommenen Butterbrote waren bald aufgegessen, wir hatten großen Hunger. Unsere Mutti stammte von einem Bauernhof und kannte alle Pflanzen. Inzwischen war ja Frühling und bei jedem Stopp pflückten wir alles, was grün und essbar war. Wieder im Zug, aßen wir gierig alles auf, doch der Hunger kam schnell wieder.

Manchmal wurde bei so einem Halt jemand hinausgetragen, auch einmal ein ganz kleines Kind. Sie wurden draußen neben der Bahn abgelegt, der Zug fuhr weiter. Ich erfuhr später, dass sie tot gewesen wären. Grausam, wie schmerzlich musste dies für die Angehörigen gewesen sein.

Zweimal war Rast in Barackenlagern. Das Beste bei diesen Zwischenstopps war, dass es etwas zu essen gab.

Doch als es mit dem Zug weiterging, stellte sich der Hunger wieder ein.

Irgendwann hieß es „Endstation". Alle Menschen wurden in Busse verteilt und in eine Turnhalle gebracht. Dort fuhr dann ein Traktor mit Anhänger voll Stroh heran und jeder konnte sich etwas davon als Unterlage nehmen.

Wir hatten nur Hunger und sammelten weiter alles, was grün war. Gegenüber war ein Wald und wir versuchten, die Rinde von den Bäumen abzukratzen.

Später in der Turnhalle futterten wir davon.

Nach und nach wurden immer mehr Menschen abgeholt und dort untergebracht, wo sie erst mal wohnen konnten. Der Bus, in welchem auch wir saßen, fuhr uns zu einem Altersheim, wo die Leute uns schon erwarteten. Sie führten uns den Flur entlang um eine Ecke, öffneten eine Tür und zeigten uns ein kleines Zimmer mit zwei Betten. Unsere Eltern schliefen in einem und wir drei Kinder in dem anderen Bett.

Es war eng, aber gemütlich und die Hauptsache war, wir bekamen satt zu essen. Die Menschen waren nett, wir fühlten uns sicher und im Verhältnis zu den vergangenen schlimmen Jahren fast pudelwohl.

In diesem Heim wohnten wir von Anfang Juni bis Ende September. Für mich gab es dort noch etwas Schönes, ein „Zauberwesen", eine Katze, viele Tränen habe ich in ihr weiches Fell geweint.

Erlösender Schlaf kann etwas Wunderbares sein!

Am Morgen war ich wieder bei meinen kleinen Patienten. Es war ein Wechselspiel der Gefühle. Meine beiden Kleinen musste ich weiter quälen. Bald sahen Augen und Nasen schon ganz gut aus. Mit großen Augen verfolgten sie alles. In den Ohren lebte und krabbelte es zwar immer noch tüchtig, doch langsam ging es aufwärts.

Sie erholten sich zusehends und nahmen an Gewicht zu. Fast vier Monate Kampf und Sorgen lagen hinter mir, doch nun kam die Belohnung. Meine Glückskatzen, weil dreifarbig, wie ich inzwischen wusste, konnten nun einen Namen bekommen.

Unser Sohn meinte: „Bei dieser hier dominiert von den drei Farben das Rötliche. Was haltet Ihr von Ruby, abgeleitet von Rubin?"

„Ja, das passt gut zu ihr", sagte ich.

„Bei der Anderen tritt das Grau/Gelbe etwas mehr hervor, Rawi passt dazu."

Alles war geklärt. Ruby und Rawi – Hurra!

Nun musste Rawi noch ihren Hängebauch loswerden, also am Nabel operiert werden. Der Arzt fragte, ob ich bei der OP dabei sein möchte.

„Darf ich das denn?"

„Natürlich!" war seine Antwort.

Doch am Abend zuvor war mir schon ein bisschen mulmig und so schweiften meine Gedanken vor dem Einschlafen wieder weit zurück und ich befand mich wieder in dem Altersheim. Es war wie eine Garnrolle, die sich immer weiter abwickelte.

Der Herbst kam näher und im September war der Tag meiner Einschulung. Die Feier fand in einer Turnhalle statt. Diese war geschmückt, oben an der Decke hingen viele spitze Dinger. Ich erfuhr, dass das Schultüten waren, sie sahen so schön bunt aus.

Jede Schultüte war an einer Schnur befestigt. Nach der Rede des Schulleiters wurde nach und nach eine Tüte heruntergeholt, ein Name genannt und das jeweilige Kind hielt danach strahlend so eine Tüte in den Händen.

Ich war so aufgeregt. Als nur noch eine Tüte oben hing, frohlockte ich – das war meine. Doch nein, ein anderer Name wurde genannt. Ein Blick nach oben, aber da hing keine weitere Schultüte. Es war eine große Enttäuschung!

„Warum habe ich keine Schultüte bekommen?", fragte ich mich.

Später erfuhr ich, dass alle Flüchtlingskinder keine bekommen hätten. Woher auch, wir hatten doch kaum Geld. Endlich war dieser Tag vorüber und wir liefen in das Altersheim zurück.

Nach dem Abendessen – wir waren schon in unserem Zimmer – klopfte es. An der Tür standen zwei Damen und überreichten mir eine kleine Schultüte. So eine unglaubliche Freude! Sie hatten von der Einschulung gehört und gesammelt, um mir eine Freude zu machen. Ich war so glücklich! Süßigkeiten, ein Bleistift, Radiergummi und ein kleines Heft befanden sich darin, einfach wunderbar.

Wie schon erwähnt, erlösender Schlaf ist etwas Wunderbares! Morgens war ich wieder in der Gegenwart.

Oh Schreck! Heute war ja die OP von Rawi. Sie bekam die Narkose, alle vier Pfötchen wurden langausgestreckt angebunden. Als sie mit weit geöffneten Augen auf dem Tisch lag (ich wusste nicht, dass Katzen in Narkose die Augen geöffnet haben), klopfte mein Herz doch gewaltig.

Die OP verlief gut, wir konnten mit Rawi nach Hause fahren. Auch dieser aufregende Tag ging zu Ende.

Bis der Schlaf mich rettete, rutschte ich automatisch wieder in die Erinnerung.

Bald nach der Einschulung bekamen wir ein Zuhause, eine oben ausgebaute Scheune. Das hieß, diese war nur mit einer zweiten Bretterschicht versehen worden. Mir fehlte die Katze aus dem Altersheim. Manchmal besuchte ich sie noch und auch die Bewohner. Doch als es anfing zu schneien, ging es nicht mehr, wir hatten ja keine festen Schuhe.

In dieser Wohnscheune wurde uns erst bewusst, wie behütet wir in diesem Altersheim gelebt hatten. Immer mehr wurde uns und auch den anderen Flüchtlingen gezeigt, dass wir nur „Hau- und Klaubrüder" waren.

Ich fragte meine Mutter: „Was bedeutet das? Wir hauen doch keinen und klauen auch nicht."

Das hieß, wenn meine Brüder morgens in die Schule gingen, haben sie Äpfel aufgehoben und mit in die Schule genommen.

Eines Abends klopfte es laut, die Tür wurde gleichzeitig geöffnet. (Die Scheune war unten nicht zu verschließen und hatte auch keine Klingel.) Der Besitzer der Scheune stand da und tobte laut: „Wenn Ihre Kinder das verdammte Mausen nicht lassen, dann …!"

Von da an ließen die beiden die Äpfel aber unter den Bäumen liegen, obwohl es schwer fiel, denn der Herbst ließ die Äpfel nur so purzeln und für unser Essen mussten wir selbst sorgen, denn die schöne Altersheimzeit war vorüber.

Danach wurde es bald sehr kalt, dort begann ja langsam das Erzgebirge und die Winter waren manchmal bitterkalt. Oft lag viel Schnee und der Schnee wehte durch die Ritzen herein. Die Matratzen fingen irgendwann von unten an, zu schimmeln. Die Toilette war außerhalb des Gebäudes. Es kam auch vor, dass die Tür unten wegen Schneeverwehungen von innen nicht geöffnet werden konnte, also musste einer aus einem Fenster auf einen angebauten Schuppen klettern, sich durch den Schnee bis zur anderen Seite der Scheune kämpfen und dort erst einmal die Tür freischaufeln. Das war manchmal schlimm. Seit dieser Zeit habe ich nie wieder solch lange Eiszapfen gesehen. Wurde es draußen wärmer und diese langen Zapfen fielen herunter, knallte es unheimlich.

Kurz vor Weihnachten gab es eine gute Überraschung. Morgens kam unsere Lehrerin in den Klassenraum und erzählte uns etwas über einen großen Mann, einen gewissen „Stalin". Ich hatte noch nie von ihm gehört und glaubte auch, was von ihm erzählt wurde, besonders, da dieser „Held" am 21. Dezember Geburtstag hatte und jedes Kind deshalb an diesem Tag ein Geschenk erhielt. Es war eine kleine spitze Tüte mit fünf kleinen sauren Drops drin. Ich war glücklich darüber, denn so etwas gab es sonst ja nicht. Zucker gab es nur auf Lebensmittelkarten und war so kostbar, dass für Naschereien nichts übrig blieb. So waren diese fünf Bonbons ein kleines Vorweihnachtsgeschenk für mich.

Erst viele Jahre später erfuhr ich, welche Grausamkeiten dieser Mann begangen hatte. Doch die kleinen Bonbons haben mir ohne dieses schreckliche Wissen geschmeckt.

Ich wachte wieder im Heute auf.

Oh, wie ging es Rawi nach der OP? Sie lag völlig ruhig im Körbchen. Die Manschette um den Hals gefiel ihr nicht, sie zerrte immer wieder daran. Diese musste sein, damit sie nicht an die Narbe kam und daran leckte. Nach wenigen Tagen konnte das lästige Ding ab.
Die Wochen vergingen und eines Tages fragte der Arzt wegen der Weitervermittlung. Daran hatte ich überhaupt nicht mehr gedacht, denn Rawi und Ruby waren eine Einheit und gehörten beide zu uns.

Nun bekam jede Katze noch eine Nummer ins Ohr und ihren Pass.

Es begann eine wunderbare Zeit. Rainer-Maria Rilke (1875 – 1926) hat es treffend ausgedrückt: „Das Leben und dazu eine Katze, das gibt eine unglaubliche Summe."

Und ich besaß jetzt zwei davon, was für eine Summe.

Täglich ging ich mit den kleinen Kätzchen spazieren. Sie liefen wie zwei kleine Hunde mit mir und sprangen übermütig um mich herum. Drohte Gefahr, nahm ich sie schnell auf den Arm. Mit der Zeit lernten sie auch immer mehr dazu und erschreckten sie sich, verschwanden sie flugs hinter einem Zaun oder Busch oder auf einem kleinen Baum.

Ruby war die Geduldigere. Nahm sie jemand auf den Arm, der ihr nicht passte, sah man ihr richtig an: „Irgendwann entkomme ich schon."

Rawi war ein bisschen frecher. Passte ihr etwas nicht, wedelte sie erst mit dem Schwanz. Half das nicht, schaute sie mit riesigen Augen. Hatte man es dann noch nicht begriffen, patschte sie mit einer Pfote, fast wie eine Ohrfeige.

Diese Erfahrung machte eine Nachbarin, als sie Rawi auf den Arm nahm: „Du bist aber eine Süße!" Ich sah schon, was gleich danach kommen würde, und bevor ich etwas sagen konnte, machte Rawi „Patsch".

Die Nachbarin setzte Rawi ab und sagte: „Du bist mir ja eine!"

Es war wie ein endloses Metermaß, vor dem Einschlafen ging es immer wieder rückwärts in die Vergangenheit.

Das erste Schuljahr war vorüber und in den Ferien zeigten meine Schulfreundinnen mir ein kleines Bad ganz am Rande des Ortes. Das Wunderbarste in diesem Bad war ein Lindenbaum ganz hinten auf diesem Gelände. Dort war unser Stammplatz, unsere „Futterquelle".

Soweit wir konnten, kletterten wir in die Äste und pflückten Blüten, Samen und ihre Flügelblätter, um unseren Hunger etwas zu stillen. Irgendwann huschte ein kleines Kätzchen zu uns und legte sich am Stamm der Linde zu uns. Das war so schön! Nebenan war ein kleiner Bauernhof. Gingen wir nach Hause, huschte sie wieder über den Zaun.

Bis zum Ende der Schulzeit blieb es so. Wenn die Badezeit begann, plünderten wir die Linde, obwohl wir inzwischen nicht mehr zu hungern brauchten. Durch Kartoffelstoppeln, Ährenlesen usw. hatten wir genug zu essen.

Die ersten Ferien waren viel zu schnell zu Ende und die Schule begann im September wieder.

Im nächsten Frühling ging ich nach der Schule mit zu Helga, einer Schulfreundin. Wir wollten gemeinsam Schulaufgaben machen. Helga schloss die Tür auf, da sprang ihr eine Katze entgegen.

„Na, Miezi, wo hast du denn deine Kinder?", sagte Helga.

In der Stube stand ein Körbchen mit kleinen Kätzchen. Es war um mich geschehen, ich musste mit diesen kleinen Wesen kuscheln. Danach wurden die Aufgaben schnell erledigt, die Katzen waren wichtiger.

Bald musste ich nach Hause – wie schade, ich wäre so gern noch geblieben. Als ich meine Jacke anzog, fragte mich Helga: „Möchtest du eine Katze mitnehmen?"

Was für eine Frage! „Darf ich denn?"

„Ja, die sind so weit und können von ihrer Mutter weg."

„Und deine Eltern sind auch einverstanden?"

„Ganz bestimmt, es sind ihnen schon zu viele Katzen."

Helga gab mir ein Tuch und ich wickelte so eine kleine Katze hinein und verstaute sie in meinem Ranzen.

Unterwegs kamen mir dann doch Zweifel. Wie sage ich es meinen Eltern?

Als ich nach Hause kam, war Aufbruchstimmung. Mein Vater musste zum Bahnhof und meine Mutter begleitete ihn dorthin. Seine Arbeitsstelle war weit entfernt und er bekam nur alle vier Wochen ein verlängertes Wochenende frei.

Sobald meine Eltern in Richtung Bahnhof aufgebrochen waren, suchte ich einen kleinen Karton für die Katze. Ich war unruhig: Was würde Mutti sagen, wenn sie vom Bahnhof zurückkommt?

Doch sie weinte, war von dem Wochenende emotional noch so aufgewühlt und hatte nichts gegen mein kleines Glück, welches ich Minka nannte.

Ein großes Problem war: Was gaben wir ihr zu fressen? Lebensmittel waren damals noch rationiert und reichten kaum für uns selbst. Irgendwie klappte es aber, denn unsere Wohnscheune stand mitten in einem Garten, umgeben von herrlicher Natur, in der sie etwas suchen konnte.

Herr Mehnert, der Wirt unserer Scheune, erlaubte auch, dass ich die Katze behalten durfte. Er hatte uns in den vergangenen zwei Jahren besser kennengelernt und war inzwischen sehr freundlich. Wir durften sogar Äpfel und Zwetschgen im Garten auflesen.

Für mich begann eine wundervolle Zeit, sozusagen meine zweite „Katzenperiode".

Ein gutes Jahr später.

Meine Mutter wollte gegen Abend einen heißen, umwickelten Ziegelstein ins Bett legen. Es war sehr kalt und es gab nur in der Küche einen Ofen.

Ein nichts Gutes verheißendes „Oh nein!" erklang.

Im Bett, gut zugedeckt, lag meine Minka und hatte, warm zugedeckt und überraschend, Junge zur Welt gebracht.

Viel später erst wurde mir klar, was das entsetzte „Oh nein!" aussagen sollte.

Um die Bettwäsche zu waschen, musste Wasser vom Brunnen geholt werden. Waschen war eine Quälerei, und die einzige Möglichkeit zum Trocknen war, die Wäsche im Garten aufzuhängen und zu warten, bis sie trockengefroren war.

Doch damals sah ich nur Kätzchen, für mich war das Glück pur.

So verflogen viel zu schnell die kommenden Jahre. Was würde nach der Schulzeit kommen?

Da meine Mutter Arbeit auf einem Bauernhof gefunden hatte und ich ab und zu dem Tierarzt zusehen durfte, entwickelte sich bei mir langsam die Idee, so etwas zu lernen. Dock das konnte ich vergessen. Meine Eltern waren nicht in der Partei und ich nicht bei den Jungen Pionieren. Außerdem hatten meine Eltern auch das Geld dafür nicht.

Viel Auswahl blieb nicht, also begann ich eine Lehre bei der HO als Verkäuferin. Danach durfte ich noch zu einem Weiterbildungslehrgang nach Annaberg-Buchholz.

In den ganzen Jahren nach unserer Landung in der neuen Heimat versuchten meine Eltern, zu erfahren, wohin ihre Geschwister nach der Vertreibung gebracht worden waren. Das war über viele Jahre ein schwieriges Unterfangen. Doch so nach und nach kamen einzelne Puzzleteile hervor. Fast alle Verwandten lebten in Westdeutschland.

Reisegenehmigungen waren eine seltene Ausnahme. Mein Vater wollte nicht in die SED eintreten, was für ihn von Nachteil war. Denn ohne Parteibuch bekam er in seinem Beruf als Stadtinspektor keine Arbeit, auch nicht in anderen öffentlichen Stellen. Mein Vater arbeitete notgedrungen im Uranbergbau bei der Wismut Aue, die ja in russischer Hand war.

Die Hoffnung, wieder in die Heimat zu dürfen, hatten meine Eltern nach der ganzen politischen Entwicklung nicht mehr. Diese ganze Lebenssituation ließ bei meinen Eltern den Entschluss reifen, die DDR zu verlassen und in den Westen zu gehen.

Der Bruder meines Vaters kam 1956 als Spätheimkehrer aus Sibirien in den Westen in ein Flüchtlingslager. Dort erfuhr er, dass seine Frau inzwischen gestorben war. Das muss grausam für ihn gewesen sein. Nun war die Sorge, wohin seine drei Töchter gekommen waren. Nach und nach erfuhr er alles und bald holte ihn seine älteste Tochter zu sich. Sie hatte inzwischen einen Freund und dessen Mutter war Kriegerwitwe und kümmerte sich um meinen Onkel. Er wohnte in einem kleinen Zimmer bei ihr und sie lernten sich immer besser kennen und wollten heiraten.

Zu dieser Hochzeit bekam mein Vater eine Einladung. Ein Wunder geschah, er bekam von der Wismut die Erlaubnis zu dieser Reise.

Die Hochzeit meines Onkels war wohl sehr schlicht, was nach den vergangenen schlimmen Jahren auch zu verstehen war.

Übernachtungsmöglichkeit gab es nicht, so nahm mein Vater bald nach der Hochzeit Abschied von seinem Bruder und versuchte, weiter zu kommen. Nach einigem Hin und Her war er irgendwann in einem Auffanglager in Hamburg angekommen.

Nach vielen, vielen Jahren besuchte uns mein Onkel dreimal für eine Woche. In dieser jeweiligen Woche kamen wir kaum zum Schlafen. Es sprudelte nur so aus seinem Mund und wir erfuhren, was damals während der Sibirienzeit geschehen war und dass seine drei Töchter während der Flucht aus Schlesien in den Bombenhagel in Dresden geraten waren. Mein Mann und ich waren fassungslos.

Da mein Vater nicht in die DDR zurückkehrte, begann für meine Mutter ein absoluter Albtraum mit vielen Verhören, ob durch Russen oder die Volkspolizei.

Kamen sie mit ihren schweren Stiefeln die Holzstiege zu unserer Bleibe herauf, war Mutti sehr aufgeregt. Sie stellten viele Fragen und wurden immer lauter. Meine Brüder und ich konnten mit alledem nichts anfangen, denn wir wussten wirklich nichts, fanden die ganze Fragerei seltsam und bekamen langsam Angst.

Wie die Verständigung zwischen meiner Mutter und meinem Vater funktionierte, haben wir nicht erfahren, doch eines Tages sagte meine Mutter meinen älteren Brüdern, dass sie mit mir in den Westen fliehen würde.

Gut zwei Jahre nach dem Weggang meines Vaters war es soweit. Meine Mutter und ich konnten unser Risiko planen. Der Zeitpunkt war gut, denn meine Freundinnen Brigitte, Rosemarie und ich hatten uns bei unserer Arbeitsstelle um einen Ferienplatz über den FDGB auf der Insel Hiddensee beworben. Im April bekamen wir die Zusage, im Mai für 14 Tage dorthin fahren zu dürfen.

Geplant war, dass ich mich auf der Rückfahrt von Hiddensee in Berlin, wo wir umsteigen mussten, von meinen Freundinnen verabschieden sollte. Ich würde mich mit meiner Mutter dort treffen, um Verwandte zu besuchen, sagte ich zu ihnen.

Der Abschied fiel mir sehr schwer und vor allem beschäftigte mich die Frage, was aus Minka werden würde.

Es ging nicht anders, sie musste zurückbleiben. So gab es wieder Tränen, aber heimliche. Es war ja auch ein Abschied von Freunden und vielen anderen lieben Menschen. Diese ahnten alle nichts von meinem Vorhaben, es durfte ja niemand etwas von unserer Flucht erfahren.

Viel Gepäck durfte ich nicht dabei haben, denn war irgendwo mal Kontrolle, was sowieso oft und auch plötzlich geschah, konnte ich bzw. wir sagen, wir wollten Verwandte besuchen.

Hiddensee war ein absoluter Traum. Doch bei allem, was wir drei Freundinnen erlebten, wanderten meine Gedanken schon weiter und ich hatte Angst, dass die Flucht schiefgehen könnte.

Der Plan war gut, nur hielt auf der Heimreise der Zug plötzlich auf freier Strecke. Nach einer Weile kam die Durchsage, der Zug würde wegen eines Streiks nicht durch Berlin, sondern auf einer Nebenstrecke an Berlin vorbei fahren.

Die Aufregung damals kann ich kaum beschreiben. Ich wusste, meine Mutter wartete an einer bestimmten U-Bahn-Haltestelle auf mich – was tun?

Dann kam endlich die erlösende Durchsage, der Zug fuhr doch den Hauptbahnhof an. Was für eine Erleichterung! Wir verabschiedeten uns, meine beiden Freundinnen gingen zu ihrem Zug und ich versuchte, meine Mutter zu finden.

Alles war fremd in Berlin. Menschen liefen schnell vorbei. So eine Hektik hatte ich noch nicht erlebt. Es war Freitag vor Pfingsten und nur Trubel. Ich war unruhig, denn ich kam viel später an der vereinbarten Haltestelle an. Als ich um eine Ecke bog, sah ich meine Mutter. Freudig fielen wir uns in die Arme.

Wir fuhren zu einem Cousin meines Vaters, welcher uns schon erwartete. Eigentlich wollten wir über Pfingsten bei ihm bleiben, doch er empfahl uns, so schnell wie möglich weiter zu fahren, da immer noch große Unruhen in Berlin wären.

So brachte uns der Cousin am nächsten Morgen zu einer Straßenbahnhaltestelle und unsere Reise ging weiter.

Bis zum Mauerbau fuhr die Straßenbahn durch Teile Ost- und West-Berlins. Meine Mutter hatte die Adresse einer Tante in Ost-Berlin dabei, falls wir in eine Kontrolle gerieten, denn bis zu der Tante kamen wir an einigen Haltestellen in West-Berlin vorbei.

Als Volkspolizisten mit Hund kontrollierten, zitterten wir beide. Doch als unsere Haltestelle in West-Berlin kam, waren sie mit einem anderen Fahrgast beschäftigt und wir konnten unbehelligt aussteigen.

Etwas außerhalb der Haltestelle blieben wir erstmal stehen, um tief Luft zu holen. Wie kamen wir weiter? Nach einigem Hin und Her erreichten wir endlich das Durchgangslager in Marienfelde.

Es war Pfingstsonnabend und vor uns standen nur Menschenmassen. Die erste Nacht verbrachten alle – Kinder, Frauen, Männer – auf Treppen oder Fluren des Lagers. Uns wurde gesagt, dass über die Pfingsttage über 2.000 Menschen im Lager angekommen waren.

Nach allen Formalitäten erhielten wir Essenmarken und einen Raum mit acht Betten. Meine Mutter und ich schliefen in einem Bett. Ein Bett allein hatte kaum jemand.

Drei Wochen lebten wir dort. Abgesehen von dem stundenlangen Schlangestehen für Essen oder Untersuchungen ging es uns gut. Bei der Erledigung der Formalitäten wurde uns gesagt, dass wir uns möglichst innerhalb des Lagers aufhalten und nicht durch das Tor nach draußen gehen sollten. Es soll vorgekommen sein, dass Polizeiwagen der DDR vor dem Tor zu dem Flüchtlingslager warteten und Menschen, welche herauskamen, weggeschnappt hätten. Es war schon alles sehr aufregend.

Zu meinem Vater nach Westfalen durften wir erst, als er die Bescheinigung schickte, dass er eine Wohnung für uns hatte. Nach gut drei Wochen war es soweit, wir durften das Lager verlassen. Als alle Formalitäten erledigt waren, wurden wir zum Flughafen gebracht und flogen nach Hannover. Mit dem Zug ging es weiter nach Westfalen.

Ein Kollege meines Vaters hatte sich sehr für diese Wohnmöglichkeit eingesetzt. Auf dem Dachboden des Hauses, in dem der Kollege selbst auch wohnte, wurde ein kleiner Raum gezimmert und gleich daneben eine Toilette mit einem kleinen Waschbecken.

Dort wohnten wir ungefähr drei Jahre. Im zweiten Sommer hielten wir es vor Hitze auf dem Dachboden kaum aus und lebten viel im Waschkeller.

Es konnte kaum einen größeren Unterschied geben, als zwischen der DDR und dem „Westen". Es gab auf einmal alles zu kaufen – nur wir hatten ja kaum Geld. Auch als ich eine Arbeitsstelle fand, reichte das Geld nur für das Nötigste. Als eine Familie im ersten Stock des Hauses auszog, konnten wir in diese Wohnung einziehen.

Die Jahre vergingen, ich lernte meinen Mann kennen. Der Traum meines Mannes war ein eigenes Haus. Für mich war das damals einfach Utopie nach allem Erlebten – doch der Traum wurde Wirklichkeit. So schlich sich langsam auch die Hoffnung auf eine Katze bei mir ein. Wegen der vielen Arbeit mit Haus und Garten und des Hobbys meines Mannes wurde meine Hoffnung jedoch immer kleiner.

Versteckt im Hintergrund öffnet sich ja manchmal ein kleines Fenster. Als wir zu einer Feier bei meiner Cousine in Oberfranken eingeladen wurden, kam – noch unbemerkt – ein kleines Steinchen ins Rollen. Der Mann meiner Cousine züchtete Rassekaninchen. Wegen der Genetik waren diese natürlich für meinen Mann von großem Interesse. Kurz gesagt: Wir fuhren mit einem schwarz-weiß gescheckten Rammler nach Hause. Wir nannten ihn Rudi – so hieß der Mann meiner Cousine. Das war natürlich eine Freude für die Kinder hier in der Nachbarschaft.

Ein paar Monate später luden uns Nachbarn ein. Sie hatten geheiratet und dies war eine kleine Nachfeier. Zwischen den Unterhaltungen fragte uns ein Nachbar: „Wer ist eigentlich ‚Rudi, der Rammler'?" Seine kleine Tochter hatte oft von ihm geschwärmt.

„Warte einen Moment, das erkläre ich dir gleich", sagte mein Mann und ging hinaus.

Nach ein paar Minuten kam er mit einer Holzbox zurück, stellte sie an der Kante des Tisches ab, zog den Deckel hoch und sagte: „Das ist Rudi der Rammler!"

Alle lachten über diesen süßen Schecken und so wurde es noch ein langer und gemütlicher Abend.

Bald danach fand mein Mann auch die passende Häsin für „Rudi" und schon bald begann für mich eine schöne Katzenersatzperiode.

Es dauerte auch nicht mehr lange, da stand neben den vielen Pokalen der Guppys der erste Pokal mit einem Kaninchen. Trotz allem war es nur ein Ersatz, eine Katze fehlte mir noch sehr. Die Hoffnung darauf blieb in meinem Herzen und ich musste mich noch etwas gedulden.

Durch Ruby und Rawi ist dieser Traum Wirklichkeit geworden und, wie ich schon erwähnte, es begann eine wunderbare neue Katzenperiode.

Unsere beiden Bunten waren hier in unserer kleinen Straße erst einmal die Attraktion und sorgten für viel Unterhaltung.

In den nächsten Monaten spürte ich, dass nicht alle Menschen Katzen bzw. Tiere mochten, was für mich bis dahin nicht vorstellbar war. Selbst Schwalbennester wurden entfernt: „Die machen doch solchen Dreck." Wie nützlich und nötig Schwalben sind, wussten sie sicher nicht.

„Sie haben ja eine Katze!" sagte eines Tages ein Nachbar entsetzt, als er mich mit Ruby, die ich im Arm hielt, sah. Bevor ich etwas sagen konnte, kam Nummer 2 dazu. „Gehören Ihnen alle beide?"

Wenn ich ein Husch, Husch hörte, wusste ich, eine Katze war im Nachbargarten, und ich versuchte, sie zu uns zu locken, da ich zu vielem Ärger ausweichen wollte.

Als Rawi einmal ganz oben auf der Dachspitze saß und zu mir herunterschaute, sah es so aus: „Das Haus gehört mir, kümmere du dich um andere Dinge."

Kurze Zeit später klagte sie laut miauend, sie wusste nicht, wie sie wieder herunterkonnte. Sie war irgendwann unten, die Äste des alten Kirschbaumes, welcher schon gestanden hatte, als wir das Haus gebaut hatten, ragten ja bis zum Dach. Sie musste nur erst einmal alles kennenlernen.

Wie schon erwähnt, war Rawi die Mutigere. Einmal saß sie in der (leeren) Badewanne und schaute mit großen Augen hoch zu mir.

In dem Moment fielen mir diese Worte aus dem Zauberlehrling von Johann Wolfgang von Goethe ein:

„... dass zum Zwecke Wasser fließe, und mit reichem vollen Schwalle zu dem Bade sich ergieße."

Da wäre Rawi aber schnell geflüchtet.

Eine Nachbarin erzählte einmal schmunzelnd, dass sie morgens die Betten aufgeschüttelt, aber Fenster und Terrassentür noch offen gelassen hatte. Nach einer Weile hatte sie diese wieder schließen wollen, da lag doch mitten auf dem Ehebett zusammengerollt unsere Ruby. Die bunte Katze auf der Bettdecke war wohl ein toller Anblick. Sie hatte Ruby schlafen gelassen.

Diese Reaktion fand ich herrlich!

Der Rattenfänger

Wir hatten unsere Katzen nun schon seit drei Jahren, als wir an einem Samstag im September bei Freunden zum Geburtstag eingeladen waren. Da mein Mann wegen seines Hobbys unterwegs war und als Punktrichter an einer nationalen Guppyausstellung teilnahm, ging ich alleine zu der Geburtstagsfeier und wurde nachts von Freunden nach Hause gebracht.

Als ich im Badezimmer war, hörte ich ein sehr lautes Miauen. Ich lief schnell zur Haustür, weil ich vermutete, dass es Ruby wäre. „Mach nicht so einen Lärm!"

Doch da war keine Ruby, sondern ein verwahrlostes graues Etwas, eine Katze. „Wo kommst du denn her?" Mich sahen nur ängstliche, große Augen an. Damit Ruhe war, gab ich ihr etwas Futter, nicht ahnend, was ich damit anrichtete.

Am Sonntagmorgen stand sie immer noch vor der Tür und da sah ich erst, wie verwahrlost sie war. Überall schorfige blutige Stellen, teils nackte Haut und völlig struppig.

Ich konnte nicht anders und musste ihr wieder Futter geben.

Als mein Mann spät in der Nacht von der Guppyveranstaltung nach Hause kam, staunte er über das zerzauste Wesen vor unserer Haustür.

Montagmorgen rief ich im Tierheim an und schilderte alles, falls jemand dieses arme Wesen vermisste. Wir konnten sie dorthin bringen.

Doch eine Woche später – wieder ein Montag – wollte mein Mann morgens zur Arbeit fahren. An der Haustür prallte er zurück: „Schau mal, wer hier ist!"

Stand doch da diese graue Katze! Später rief ich im Tierheim an und erfuhr: Am Freitag war ein Herr von der Zeitung dort gewesen und hatte sie fotografieren wollen. Dabei war die Katze mit einem Satz über die Schulter des Fotografen gesprungen und war weg. Sie hätten die Tür nicht richtig verschlossen, sagte die Dame.

Wir hatten die Katze mit dem Wagen ins Tierheim gefahren. Doch die Frage beschäftigte uns: Wie hatte sie hierher gefunden? Denn wir wohnen am anderen Ende der Stadt, und dazwischen verliefen die Eisenbahn und die Aue.

Nun hatten wir erst mal ein Problem, wir konnten sie doch nicht ignorieren. Doch wo konnte die Katze leben?

Wir haben ihr in der Garage ein Plätzchen gegeben.

Nach ein paar Tagen fraß sie nicht mehr, lag nur da, wurde immer schwächer und konnte kaum noch laufen. Also mussten wir mit ihr zum Tierarzt. Wir legten die Katze vorsichtig in einen Korb und los ging es. Sie ließ alles mit sich machen.

Beim Tierarzt erfuhren wir, dass sie ein Kater und nicht registriert war. Er war wirklich krank. „Bei einem Menschen würde ich vielleicht sagen, er hat eine starke Grippe", meinte der Arzt.

Mit Medikamenten und Ratschlägen fuhren wir nach Hause. Nun hatten wir drei Katzen.

Wir nannten ihn „Tiger", weil er so grau gestreift war.

Zwei Monate später begann die Weihnachtszeit und draußen wurde es ungemütlich. So bekam Tiger sein Körbchen im Vorflur unseres Hauses an der Treppe zum Dachboden und eine Katzentoilette in die Nähe. Er war sauber, also war das kein Problem.

Im Frühjahr/Sommer ging es ihm langsam besser. Nun wurde er kastriert und lebte immer mehr draußen.

Mit unseren beiden Bunten vertrug er sich gut. Wollte er seine Ruhe haben, verkrümelte er sich in die Garage und mauserte sich langsam zu einem Rattenfänger. Hatte er eine Ratte erbeutet, legte er sie draußen vor der Treppe zum Keller ab. Einmal beobachtete ich morgens zufällig, wie er eine Ratte heranschleppte. Eine Ratte lag schon dort, die nächste legte er daneben und zerrte sie mit seinen Pfötchen hin und her, bis sie ordentlich neben der anderen lag. Das war schon putzig.

Bald machte diese Geschichte die Runde unter den Nachbarn.

Ein Nachbar war entsetzt: „Bei uns hier gibt es Ratten?!"

Es wurden ja auch ab und zu an den Straßengullis Ratten beobachtet. Das ist nun mal Natur.

So langsam schleppte er immer seltener eine Ratte an und dann waren wohl alle Ratten hier in der Nähe verschwunden.

Das war gut für die Nachbarn, aber Tiger musste sich eine andere Arbeit suchen.

Fundsache

Zwei Jahre nach der Grenzöffnung, dem „Mauerfall" fuhren wir an einem Montag in meine Nachkriegsheimat Richtung Erzgebirge.

An der Straße am Harz entlang machten wir einen Zwischenstopp, um unsere Beine zu vertreten und etwas zu essen.

Nachdem ich ausgestiegen war, spürte ich plötzlich etwas an meinem Bein. Ich erschrak heftig, da stand eine grau/weiße Katze, fast nur Haut und Knochen. Sie wollte sich an mein Bein anlehnen und fiel dabei um. Doch sie stand sofort wieder auf und lief mit mir nach hinten zum Wagen. Sie hatte keine Scheu.

Schnell holte ich unsere Butterbrote aus der Kühltasche und gab ihr ein paar Bröckchen. Sie fraß diese nicht nur, sie schlang so sehr, als hätte sie Angst, ich würde ihr die Stückchen wieder wegnehmen.

Plötzlich verschwand sie mit langen Sätzen unter einen Busch zwischen der Straße und Rastplatz. Ich lief hinterher und staunte: Da lagen mitten im Gestrüpp zwei ganz kleine, fast nackte Kätzchen. Sie mussten erst kurz zuvor, vielleicht in der Nacht, geboren worden sein.

Wir konnten kaum noch essen und bröckelten unser restliches Brot klein. Dazu gaben wir ihr Mineralwasser in einen Deckel vom Honigglas. Für die wenigen Tage hatten wir fast alles, was wir zum Essen benötigten, mitgenommen.

Als wir im Wagen saßen, sahen wir noch, wie die Katze wieder zum Schlingen kam. Ich kann es nicht anders beschreiben, so hastig habe ich noch nie eine Katze fressen gesehen.

Nun fuhren wir weiter in Richtung Erzgebirge. Das Wetter war traumhaft!

Es waren schöne Tage, die Natur dort ist ganz zauberhaft, trotzdem mussten wir am Donnerstag (Himmelfahrt) wieder abreisen.

Eigentlich hatten wir für die Rückfahrt eine andere Strecke geplant. Am Mittwoch beim Frühstück fragte mein Mann: „Ob die Katze noch dort ist?"

Es hätte uns ja doch keine Ruhe gelassen, also suchten wir einen Karton und legten ein Tuch hinein. Es könnte ja sein, dass sich die Katze mit ihren Kleinen noch dort im Gestrüpp neben der Straße aufhielt.

So fuhren wir zu Himmelfahrt bei strahlendem Sonnenschein die gleiche Strecke zurück, die wir am Montag gekommen waren. Die Straßen waren stark befahren.

Ob die Katze noch lebte? Wir stiegen aus. Keiner von uns sah sie kommen, doch sie war auf einmal da! Ich sah unter das Gebüsch und da lagen auch noch ihre beiden Kleinen.

Vorsichtig nahm ich die beiden, um sie in den Karton zu legen. Ihre Mutter war schneller im Auto als ihre Kinder. Sie kringelte sich um ihre Kleinen und schnurrte fast lauter als der Motor unseres Wagens.

Zu Hause stellten wir den Karton und eine Katzentoilette in das Büro meines Mannes, damit die kleine Katzenfamilie Ruhe hatte. Die Katze war sauber und fraß viel. Ihrem Verhalten nach war sie an Menschen gewöhnt. Wer hat sie einfach so ausgesetzt?

Der Tierarzt hatte am Freitag keine Sprechstunde, also mussten wir uns bis Montag gedulden.

Endlich war Montag. „Meine Güte, ist die dürr!", war der Kommentar des Tierarztes. Außer Unterernährung war aber alles in Ordnung. Ein Kätzchen öffnete an diesem Tag ein Auge. Also waren sie wirklich an dem Wochenende zuvor erst auf die Welt gekommen, als wir sie entdeckten.

Wir nannten die magere Katzenmutti „Findi", denn wir hatten sie ja wirklich gefunden – oder sie uns?

Nach einer gewissen Zeit wollte Findi nach draußen in den Garten, ebenso ihre Kinder. Es war ein Pärchen, ein schwarzer Kater und eine grauweiß gescheckte Katze wie ihre Mutter. Da die beiden mich sehr an meine Katzen damals in Schlesien erinnerten, nannte ich sie auch Peterle und Susi.

Anfangs war es mit Ruby und Rawi etwas schwierig, denn auf einmal lief ihnen eine fremde Katze über den Weg. Mit viel Geduld und Beobachten konnte aber so langsam alles geregelt werden und Tiger war ja eh in der Garage und draußen und fast friedlich.

Die Erziehung der kleinen Katzenkinder zu beobachten, war interessant. War Findi mit dem Benehmen eines ihrer Kinder nicht einverstanden, nahm sie es sanft mit einer Pfote zu sich und mit der anderen Pfote machte sie zart „Patsch" – und alles war geklärt.

Es gibt kaum etwas Schöneres, als so eine Katzenmutterschaft mitzuerleben. Irgendwann waren die kleinen Kätzchen groß genug und wollten mehr Bewegung, als nur in einem Raum zu sein. Also ab in den Garten! Doch das wurde sehr problematisch. Findi musste ihre Kinder gegen die anderen Katzen sehr verteidigen, so waren die kommenden Wochen voller Toberei, turbulent und auch aufregend.

Dank der Hilfe des Tierarztes wurde Findi mit ihren beiden Kleinen kurze Zeit später an eine nette Familie vermittelt.

So kam schon wieder ein Abschied, aber mit einem guten Gefühl.

Jahreswechsel

Silvester versuchte ich immer, die Katzen im Haus zu lassen. Einmal aber gelang es mir nicht, Rawi war ausgebüxt.

Am 1. Januar haben wir alles abgesucht, aber Rawi war nicht zu finden. Wir ließen extra ein Kellerfenster auf. Auch am 2. und 3. Januar kam sie nicht. Ich machte mir Sorgen.

Am 4. Januar ging ich in den Keller, da saß eine geistesabwesende Rawi. Sie reagierte auf nichts. Vorsichtig setzten wir sie in ihre Transportbox und fuhren eiligst zum Tierarzt. Da er gerade operierte, konnten wir Rawi nur abgeben und der Assistentin die Sachlage erklären.

Es fühlte sich wie eine kleine Ewigkeit an, bis der Tierarzt anrief und sagte, wir müssten sofort in die Tierärztliche Hochschule fahren. Also sprangen wir schnell ins Auto und fuhren zum Arzt, um Rawi, die Röntgenbilder und alle sonstigen Unterlagen zu holen und weiter zur TiHo zu fahren.

Oh je, die TiHo war überfüllt. An der Rezeption gaben wir die Unterlagen ab und sollten ins Wartezimmer gehen und warten. Da kein Platz mehr war, blieb mein Mann mit Rawi im Raum.

Ich war so aufgeregt und wollte draußen vor der Klinik frische Luft schnappen. Was war mit Rawi? Sie hatte doch keinerlei äußerliche Verletzungen, jedenfalls keine sichtbaren.

Als ich wieder in das Wartezimmer kam, war mein Mann mit Rawi nicht mehr da. Später erfuhr ich von meinem Mann, dass er sofort aufgerufen worden sei, nachdem ich hinausgegangen war.

Rawi musste schnellstens operiert werden. Der Arzt sagte, wir würden in den nächsten Tagen benachrichtigt werden.

Beunruhigt fuhren wir nach Hause. Am nächsten Tag kam von der TiHo ein Anruf, wir möchten Rawi abholen. Sie weigerte sich zu fressen.

Voll Sorgen fuhren wir wieder nach Hannover und holten Rawi ab. Ach du Schreck, Rawi war von den Vorder- bis zu den Hinterbeinen kahlgeschoren, der ganze Bauch war nackt und sie hatte eine große T-förmige Narbe. Sie mussten alle inneren Organe wieder an die richtige Stelle bringen.

Hatte sie sich durch die Knallerei an Silvester erschrocken und ist gegen etwas gesprungen? Wir haben nicht erfahren, was geschehen ist.

14 Tage musste sie ruhig gehalten werden, danach fand eine Kontrolluntersuchung statt und soweit war alles in Ordnung. Sie erholte sich und hat es geschafft!

Donnerstage

*„Die Zeit, welche ich
mit einer Katze verbringe,
ist nie verschwendet!"*

(Sprichwort)

Unsere beiden Bunten lebten schon neun wunderbare Jahre bei uns.

Eines Morgens saß Rawi wieder einmal im Keller, bewegte sich nicht, stierte vor sich hin und sah ganz komisch aus.

Wir riefen sofort den Tierarzt an. Es war ein Mittwoch und nachmittags war keine Sprechstunde. Deshalb mussten wir morgens schnell zu ihm.

Es dauerte lange, bis alles gründlich untersucht war. Die Diagnose war niederschmetternd. Rawi hatte eine Art Katzenaids, welches nicht heilbar war, und sie müsste erlöst werden.

Ich war entsetzt: „Muss es heute sein?"

„So schnell wie möglich," war die Antwort des Arztes.

Mir wurde noch ein Tag geschenkt, ich weinte und streichelte sie die ganze letzte Nacht.

Mir ging so vieles durch den Kopf und da kam mir die ganze Sache mit dem Donnerstag in den Sinn.

Als unser Haus fertig gebaut war und wir an den Einzug dachten, wollte meine Mutter uns helfen, war aber mit dem Tag nicht einverstanden. Sie weigerte sich vehement und versuchte, uns zu einem anderen Tag zu überreden.

Wir zogen natürlich an dem geplanten Tag, einem Donnerstag, ein, denn mein Mann hatte ja extra dafür Urlaub genommen.

Mich interessierte, warum sich meine Mutter so gesträubt hatte. Nach langer Überlegung begann sie zu erzählen.

Als sie eines Tages mit mir im Kinderwagen in Lauban (Niederschlesien) über den Markt lief, sei ihr eine Zigeunerin begegnet, hätte zu mir in den Wagen geschaut und lächelnd gesagt, ich sei ein Donnerstagskind. Mein Schicksalstag wäre der Donnerstag.

Wir steckten so in der Arbeit mit unserem Haus und Garten, dass ich an das Alles nicht mehr dachte.

Irgendwann, als sich gewisse Donnerstage häuften, begann ich doch zu grübeln. Woher kam das Wissen einer fremden Frau, dass ich an einem Donnerstag geboren wurde?

Unser erster Sohn wurde an einem Donnerstag geboren und ist an einem Donnerstag (Silvester) gestorben.

Um mich zu beruhigen, begann mein Mann, alles zu notieren, was wann war. Es war Tatsache, dass alles, was von Bedeutung war, auf einen Donnerstag fiel.

„Aber", sagte mein Mann, schau mal, es waren zwar immer Donnerstage, aber nicht nur negative, die meisten sind doch positiv.

Trotzdem kam das Unausweichliche und am Donnerstag lag meine Rawi auf dem Schoß und ist ganz friedlich eingeschlafen.

Zwischen zwei Rosensträuchern unter unserem Schlafzimmerfenster legten wir sie „schlafen".

Es tat so weh. In Rawis Augen konnte ich immer ihre augenblickliche Stimmung lesen und ihre Ohren zeigten sehr deutlich an, ob ihr etwas passte oder nicht.

Es kam eine sehr, sehr stille Zeit. Rawi fehlte mir sehr. Wie schön, dass meine Ruby noch da war. Draußen natürlich war auch Tiger, doch er hielt von Schmusen nicht so viel.

Lag Ruby auf meinem Schoß und im Fernsehen wurde ein Autorennen übertragen, sprang sie runter und platzierte sich sprungbereit vor den Fernseher. Flitzte ein Auto seitlich entlang, sprang sie an die Seite und suchte neben dem Fernseher: „Wo ist das Ding denn hin?" Es war köstlich.

Überhaupt liebte es Ruby, in Gesellschaft zu sein. Fanden in unserem Keller eine kleinere Guppyschau, eine Tagung, ein Punktrichterseminar meines Mannes oder andere Treffen statt, lag sie manchmal versteckt in einer Ecke oder auf einem Stuhl hinter einer der Leinwände. Die vielen Stimmen störten sie nicht im geringsten, sie liebte es, einfach dabei zu sein. Als nach den Vorträgen die Leinwände zusammengerollt wurden, schaute sie alle mit ihren großen Augen an und so wechselte schon manchmal das Thema von den Guppys zu Katzen oder anderen Tieren. So berichtete ein Freund aus Norwegen, wie er zu einer Norwegischen Wildkatze gekommen war, ein anderer erzählte über seinen sibirischen Hirtenhund. Ein Wort kam zum anderen und die Diskussionen gingen dann schon mal bis zum frühen Morgen und dazwischen war auch immer wieder die Genetik das Thema.

Momo

Ein paar Wochen nach Rawis Tod war oft ein Fauchen und Knurren im Garten zu hören. Das war in dieser Art bisher nicht gewesen. Es klärte sich aber bald auf. Ein völlig schwarzer, fremder Kater war auf einmal da! Er ließ sich streicheln und war sehr zutraulich, hatte kein Halsband und auch keine Nummer im Ohr. Nur mit Tiger war Krieg. Der Schwarze blieb und so kam es zwischen den beiden immer wieder zu Auseinandersetzungen.

Sahen sich die Kater, gingen sie im Zeitlupentempo mit Buckel und dicken Schwänzen, die fast halb so dick wie die Kater selbst waren, aufeinander zu. Sie näherten sich bis auf einen halben Meter Distanz, waren ganz plötzlich miteinander verkrampft wie ein Knäuel und die Fetzen flogen. Das endete nicht selten blutig.

Einmal kam ich dazu und wollte sie trennen, kurz bevor sie zusammenstießen. Das war ein großer Fehler von mir. Momo, wie wir den Schwarzen nannten, wollte in diesem Moment angreifen und verbiss sich an meinem rechten Handgelenk. Ich stellte mich aufrecht hin, um ihn abzuschütteln. Das ging nicht, er hing in der Luft an meinem Handgelenk. Nach einer gefühlten Stunde ließ er doch locker und lief weg.

Ich sah mir mein Handgelenk an und staunte, kein Tropfen Blut war zu sehen, nur zwei tiefe Löcher. Ich konnte alles Mögliche sehen, Sehnen, Bänder, ..., aber kein Blut. Mein Mann fuhr mich zum Arzt und dieser staunte, immer noch kein Blut, nur diese beiden Löcher. Vorsichtshalber wurde Tetanus aufgefrischt und ich bekam eine Salbe dazu.

Wieder zu Hause, kam Momo auf mich zu und wollte gestreichelt werden. Es war fast witzig.

Vom Tierarzt erfuhr ich später, dass Kater bei solchen Kämpfen einen Beißzwang haben und nicht los lassen können. Also war ich zum falschen Zeitpunkt dazwischen gegangen. Doch dadurch hatten sich die beiden Kater wenigstens einmal nicht verletzt, denn bei so einem Kampf wurde Momo bis zu diesem Moment schon zweimal schlimm zerkratzt, und der Tierarzt musste eine Wange, welche ganz dick geschwollen war und sich entzündet hatte, aufschneiden und alles durchspülen. Das musste sehr schmerzvoll gewesen sein, denn Momo schrie laut.

Die Löcher an meinem Handgelenk heilten gut, doch aus einer Narbe hing – wie weißer Zwirn – ein Faden heraus. Zog ich daran, krümmte sich der kleine Finger. Was tun? Der Arzt meinte: „Es ist eine Sehne, einfach abschneiden!" Da ich mit der linken Hand nicht so gut schneiden konnte, bat ich unseren Sohn. Doch er drückte sich, es war ihm nicht ganz geheuer.

Irgendwie schaffte ich es aber, die Sehne war ab.

Idylle pur

An einem lauen Sommerabend lag ich auf der Gartenliege unterm Apfelbaum, es war ganz still, die Vögel verstummten langsam, Ruby und Momo lagen neben mir, alles war träumerisch schön. Dabei bin ich eingeschlafen. Ein Geräusch brachte mich in die Wirklichkeit. Es dunkelte schon sehr.

„Jetzt geht's ins Bett", sagte ich zu den beiden neben mir.

Als ich ins Haus kam, fragte mein Mann: „Wollen wir noch ein Eis essen? Ich war vorhin schon draußen, wollte dich fragen, doch da sah ich die beiden Katzen neben dir liegen und unter der Liege lagen zwei Igel. Da bin ich leise wieder weg." Das Eis schmeckte uns aber auch später noch.

An Katzen sieht man, dass es auch schön ist, gemeinsam zu schweigen, und sprach ich mal mit ihnen, wusste ich, sie sagen es nicht weiter.

An einem Sommerabend kam Momo mit vielen Zecken an. „Momo, ich muss weg, die entferne ich dir morgen", sagte ich zu ihm und fuhr mit dem Fahrrad zum Bahnhof. Es war der letzte Abend in der VHS – ein Russischkurs. Wir hatten ein paar Mal eine Mutter mit ihren beiden Kindern aus Tschernobyl hier zur Erholung, also hatte ich angefangen, etwas für die Verständigung zu tun.

Vom Kursus zurück, stellte ich mein Rad in die Garage und schaute nach Momo. Ich entdeckte ihn nirgends. Auch auf Rufen reagierte er nicht. Morgens kam er auch nicht, ich wollte doch versuchen, wenigstens ein paar Zecken zu entfernen. Er meldete sich den ganzen Tag nicht mehr, kam auch abends nicht zum Fressen, doch er kam nicht angelaufen. Ich habe ihn nie wieder gesehen, hoffte weiter von einem Tag zum anderen. Er blieb weg. Was war passiert? So schade.

Achterbahn der Gefühle

Die Zeit verrann, auch Tiger wurde alt und krank. Eines Tages sagte der Tierarzt: „Er muss erlöst werden, alles andere ist Quälerei."

So schön die Zeit mit Tiger war, das Unausweichliche musste sein, der Abschied tat mir auch weh, er lebte ja 14 Jahre bei uns.

Da Tiger nicht so ein großer Schmuser war, bekam er seine „Schlafstelle" unter einem Apfelbaum, unter welchem er im Sommer gerne im Schatten lag.

Tiger war erst ein paar Monate nicht mehr bei uns, da verhielt sich Ruby so eigenartig. Sie wollte dauernd fressen, erbrach sich aber sofort wieder. Nichts interessierte sie, sie wollte nur ihre Ruhe haben. Ich machte mir große Sorgen.

Da wir Anfang September zu einer Hochzeit nach Frankreich eingeladen waren, es Ruby aber immer schlechter ging, mussten wir zuvor noch mit ihr zum Tierarzt.

Die Untersuchung zeigte, dass sie vor dem Mageneingang eine dicke Krebsgeschwulst hatte, die nicht operabel war. Am nächsten Tag kam für mich die schwerste Stunde seit Rawis Tod. Ich glaubte, es nicht ertragen zu können, als sie in meinem Schoß einschlief, es waren für mich Augenblicke völliger Dunkelheit.

Ruby hat mir so viel geschenkt – 19 Jahre Glück – wo war die Zeit geblieben?

Wir legten sie neben ihre Schwester Rawi schlafen. Noch heute spreche ich manchmal mit den beiden, wenn ich in der Nähe der Rosensträucher arbeite.

Das war wieder ein Donnerstag – der 6. September – und am nächsten Morgen sollten wir nach Frankreich fliegen und fröhlich sein. Es folgte ein schwerer trauriger Abend und die Nacht konnte auch keinen Schleier über alles legen. Vielleicht sollte das alles so sein? Traurigkeit und Fröhlichkeit liegen ja so oft nah zusammen.

Der Flug mit Umstieg in Zürich war gut und in Nizza empfing uns strahlend blauer Himmel. Freunde holten uns ab und während der Fahrt zu unserem kleinen Hotel zog uns die Provence immer mehr in ihren Bann. Durch die traumhafte Landschaft mit diesem südlichen Flair fahrend kam uns diese Fahrt viel zu kurz vor.

Nachmittags erkundeten wir etwas die Gegend, sammelten in der Natur alle möglichen Blumen und Kräuter für den Tischschmuck, bereiteten noch einiges für den nächsten großen Tag vor. Leider war die Zeit zu kurz für weitere Unternehmungen.

Am Abend wollten wir noch eine Kleinigkeit essen. Im Garten eines gemütlichen Restaurants bekamen wir einen schönen Tisch für zwei Personen, direkt an einem Zaun. Ganz entspannt bewunderten wir diese herrliche Natur. Auf der einen Seite war eine tiefe Schlucht und auf der anderen Seite ging es hoch hinaus, wir hörten das Rauschen eines Flusses. Alles war sehr, sehr schön und sehr romantisch.

Am Zaungitter bemerkten wir Ameisen, eine ganze Straße, die sehr interessant zu beobachten war. Die einen liefen an dem dünnen Draht nach rechts, die anderen nach links. Es kam ja auch einmal eine Kreuzung, sie arrangierten sich und alles lief ganz friedlich ab. Wie schade – es begann zu dunkeln, es war einfach Frieden rundherum. Frieden – ein wunderbares Gefühl.

Dazu fällt mir ein, was Anna Magnani schon vor langer Zeit sagte:

„Vielleicht wäre es gut, wenn die Welt von Katzen regiert würde. Dann gäbe es in den höchsten Ämtern endlich ausreichend Klugheit, Instinkt, Einfühlungsvermögen, Beharrlichkeit und Energie."

Vielleicht auch mehr Frieden?

Am nächsten Morgen sind wir schon früh hinaus in die herrliche Natur gelaufen. Leider blieb uns nicht viel Zeit, wir wollten uns für die Hochzeitsfeier ja noch feinmachen.

Am späten Vormittag kam wieder unser „Fahrdienst" und brachte uns zu einer kleinen Kirche mitten im Wald. Alles hatte etwas aus vergangener Zeit an sich, einfach schön, diese Ruhe, nur das Zwitschern der Vögel und das Rauschen eines Baches.

Nach der Trauung fuhren wir zu dem Ort der Feier, eine Art alter Bauernhof in einer Schlucht.

Als wir ausstiegen, kamen eine Sängerin und ein Akkordeonspieler. Sie begleiteten uns fast bis zu den langen festlich gedeckten Tischen. Kamen die nächsten Gäste angefahren, liefen die Musikanten zurück und begleiteten auch diese. So ging es weiter, bis alle Gäste anwesend waren.

Der Höhepunkt war natürlich, als das Brautpaar mit viel Applaus empfangen wurde. Um diesen Hof herum waren steile Felsen. Links kam ein kleiner Fluss aus dem Felsen und sprang unten in einen kleinen See.

Als es dunkelte, wurde der rechte Felsen angestrahlt, Siebenschläfer huschten von Loch zu Loch, darüber hingen so schräg Sträucher und Bäume. Die zwei Katzen der Besitzer liefen ohne Scheu zwischen den vielen Gästen herum, ich konnte sie sogar streicheln.

Diese ganze Stimmung war kaum zu beschreiben, einfach schön zum Träumen, Romantik pur. Wie schade, dass die Stunden, viel zu schnell, nur so vorüber huschten. Am Tag danach blieb uns noch etwas Zeit, um den kleinen Ort zu erkunden.

Doch so schön auch alles war, die Heimreise rückte näher. Der Abflug aus Nizza fiel schwer. Zu Hause war die ganze Traurigkeit wieder da. Meine Ruby kam nicht angelaufen, mein Herz war schwer.

Sweety

In der kommenden Woche kam eine Freundin und sagte: „Du brauchst wieder eine Katze."

„Nein, ich bin noch nicht so weit", antwortete ich.

Die Freundin ließ nicht locker und kam wieder: „Bekannte haben auf ihrem ehemaligen Bauernhof seit April vier kleine Katzen. Sie haben auch ältere, deshalb würden sie gerne von den jüngeren Katzen wenigstens eine abgeben. Schau sie dir doch mal an."

„Noch nicht, ich kann noch nicht." Der September war bis dahin aufregend genug gewesen. Unser Sohn hatte erfolgreich seine Promotion in Physik beendet. Im November sollte noch die Disputation stattfinden. Am Wochenende nach der Hochzeit in Frankreich zog er nach Hamburg und begann, dort zu arbeiten.

Es war einfach noch kein Platz in meinem Kopf für eine neue Katze.

„Keine Zeit der Welt kann die Erinnerung an eine geliebte Katze aus dem Gedächtnis löschen." (Leo Dworken)

Das trifft immer wieder den Kern!

Hartnäckigkeit wird ja manchmal auch belohnt! Die Freundin ließ nicht locker und so fuhren wir am 4. Oktober zu diesem Bauernhof.

Der Hausherr führte uns in den ehemaligen Kuhstall. An der linken Wand standen vier kleine Schälchen. Er schüttelte mit dem Trockenfutter und sofort kam eine schwarze Katze. „Das ist ein Kater, aber da sind noch seine drei Schwestern", sagte der Herr.

Bald kamen auch zwei von ihnen angelaufen. Es waren „Glückskatzen", also dreifarbige Katzen.

„Das sind die zwei Größeren von den Dreien, aber ich habe eigentlich an die kleinere Schwester von ihnen gedacht. Sie kommt immer ein bisschen zu kurz. Die drei anderen setzen sich besser durch."

Die zwei Bunten waren satt und liefen wieder hinaus.

„Na, das klappt wohl heute nicht, sie ist sehr ängstlich", sagte der Herr.

Er schüttelte nochmal mit dem Futter und plötzlich kam ganz langsam und an die Wand gedrückt eine fast weiße Katze.

„Das ist ihre Schwester?" fragte ich ungläubig. Sie war nur etwa fast halb so groß wie ihre Geschwister.

Als sie uns wahrnahm, verschwand sie blitzschnell, ohne zu fressen. So fuhren wir ergebnislos wieder nach Hause.

Nachts fiel mir ein, dass ja wieder einmal ein Donnerstag war. Alles klar, es sollte nicht sein.

Am nächsten Tag, wir aßen mittags unseren Nachtisch, sagte mein Mann: „Ich glaube nicht, dass er die Katze einfangen kann, so scheu wie sie war."

Plötzlich klingelte das Telefon. „Ich konnte sie einfangen, Sie können die Katze abholen", erklang die Stimme des Besitzers.

Das war eine Überraschung! Also fuhren wir gleich dorthin und holen die Katze. Wir bereiteten ihr bei uns im Wohnzimmer ein Körbchen, stellten Futter und Wasser dazu und in die Nähe eine Toilette.

Meine Güte, saß sie ängstlich in der hintersten Ecke der Transportbox. Nun Türchen auf und abwarten!

Die Box war auf einmal leer, aber wo war sie? Wir fanden sie nicht, suchten aber nicht weiter, sie konnte ja nur im Haus sein.

In der Nacht kam unser Sohn aus Hamburg. Wir erzählten ihm die ganze Geschichte und er sollte vor allem nicht die Tür zur Terrasse öffnen.

Samstagmorgen – wir waren gespannt, aber es war keine Katze zu sehen. Doch sie hatte gefressen und die Katzentoilette benutzt, das war gut. Sie hatte sich in Luft aufgelöst!

Als wir nachmittags am Kaffeetisch saßen, sagte unser Sohn: „Seid Ihr sicher, dass hier eine Katze ist?"

Mein Mann und ich antworteten fast gleichzeitig: „Ja!"

Nach einer Weile sagte unser Sohn, zur Seite blickend: „Ach, wen haben wir denn da?"

Ganz langsam kam die Katze hinter einem Sessel hervor, verschwand aber gleich wieder. Wir ließen ihr Zeit, man kann ja nie vorsichtig genug sein!

Sonntagvormittag kam die Freundin und wollte die Katze sehen und diese zeigte sich tatsächlich. „Ach, ist die süß!", rutschte es ihr heraus.

Unser Sohn kam in diesem Moment dazu und hatte das gehört. Er sagte: „Da habt Ihr doch gleich einen Namen für sie, süß – Sweety."

Ja, das passte zu ihr. Es war auch eine Glückskatze, allerdings fast weiß, nur auf dem Rücken hatte sie zwei dreifarbige Flecke wie Schmetterlinge und der Schwanz war bunt.

„Wer die Fähigkeit besitzt, sich mit einer fremden Katze anzufreunden, kann sich glücklich schätzen." (Amerikanisches Sprichwort)

Das trifft den Kern!

Es gibt auch viele Gründe, eine Katze zu haben, doch einer genügt schon vollkommen!

In der folgenden Zeit haben wir aufgepasst, dass alle Türen immer schnell geschlossen wurden, damit die Katze nicht flüchten konnte.

Ende November versuchten wir es dann und ließen die Terrassentür eine Weile offen. Sie verkroch sich in eine Ecke und wollte gar nicht hinaus. Also nahm ich sie einmal auf den Arm und setzte sie auf die Terrasse. Sie machte einen Sprung und war wieder im Haus.

So versuchte ich es immer wieder und ging ein Stückchen weiter weg mit ihr. Sie ging fast wie ein Hund „bei Fuß". Kam ihr etwas verdächtig vor, verschwand sie in einem Garten. Wenn die vermeintliche Gefahr vorüber war, lief sie wieder neben mir her. Heute muss ich manchmal schmunzeln, wenn sie sich mal einen Tag und eine Nacht nicht blicken lässt.

Sweety ließ den Kummer um meine Ruby so langsam verblassen.

Ein paar Monate später im Frühjahr wurde sie gechipt und bekam ihren Pass.

Jetzt, nach einigen Jahren, will sie manchmal lange nicht ins Haus. Draußen ist es ja viel aufregender!

Eine Freundin amüsiert sich manchmal: „Weißt du noch?" Sie meint, als ich Sweety praktisch an die Hand nehmen musste.

Wir hatten Sweety ungefähr ein Jahr und sie sollte an diesem Morgen eine Tablette gegen Bandwürmer bekommen, also sagte ich zu meinem Mann: „Lass Sweety mal noch nicht in den Garten."

Doch da sah ich sie draußen an der Terrassentür stehen. „Du solltest Sweety doch im Haus lassen", rief ich zu meinem Mann.

In dem Moment kam mir Sweety im Flur entgegen. Was war das denn? Hatte ich Halluzinationen? Sie kann ja nicht gleichzeitig draußen und drinnen sein!

Eine neue Bunte

Im nächsten Moment sah ich sie wieder, doch an der gegenüberliegenden Seite des Hauses, durch die Glasscheibe an der Haustür. Da stand eine fremde Katze, auch dreifarbig, jedoch kräftiger gefärbt. Der Gedanke drängte sich auf, dass sich eine ihrer Schwestern auf die Suche nach Sweety begeben hatte.

Sie kam, sie schnurrte, sie eroberte und blieb einfach da, als ob sie schon immer hier gewesen ist.

Versteckmöglichkeiten gab es genug rund ums Haus.

Im Frühjahr meinte mein Mann: „Wir müssen mit ihr zum Tierarzt." Er hatte beobachtet, wie sie sich mit einem Kater „amüsierte". „Nicht, dass sie uns noch Junge anbringt", meinte er.

Also mussten wir wieder mal zum Tierarzt und es war so, dass mein Mann richtig beobachtet hatte. Doch es war noch rechtzeitig, sie konnte sterilisiert werden, musste danach aber zehn Tage im Haus bleiben, bis die Fäden gezogen werden konnten.

Nun wurde es spannend, wohin mit ihr?

Wir räumten im Keller etwas auf, sodass sie einen Raum für sich hatte. In diesem Kellerraum wohnte sie in den nächsten zehn Tagen. Sie war ganz ruhig, als ob sie auf so eine Gelegenheit gewartet hätte!

Endlich waren die zehn Tage herum, die Fäden wurden entfernt und die Katze konnte wieder in die Freiheit, dachte ich. Als wir vom Arzt kamen, brachten wir sie mit der Transportbox in ihren Keller, öffneten das Türchen und auch die Kellertür ließen wir offen stehen.

Später wollte ich die Tür schließen, da saß doch tatsächlich die Katze noch in der Transportbox, sie wollte gar nicht hinaus! Ich nahm sie auf den Arm und setzte sie draußen ab.

Abends hörte ich ein klägliches Miauen. Sie stand vor der Kellertür und wollte wieder hinein. So ist es bis heute geblieben, tagsüber tobt sie sich draußen aus, nachts schläft sie friedlich im Keller.

Nun hatten wir wieder zwei Bunte, das war auch gut so.

Wir nannten sie „Flitzi", weil sie immer so flitzt, wenn Gefahr droht. Sie benahm sich so, wie es Franz von Assisi einmal ausdrückte. „Katzen sind berufen zur gottseligen, jauchzenden Freude."

Die Jahre rannten dahin, mein Mann wurde schwer krank. Wenn wir von der Onkologie kamen, freute er sich, wenn Flitzi vor der Haustür saß. Lag mein Mann so schräg in seinem Sessel, die Füße etwas hoch auf einem niedrigen Hocker, welche ich massierte, saß Sweet auf einem Stuhl neben ihm und er streichelte sie. Trotz der wahnsinnigen Schmerzen kam es vor, dass ein Lächeln über sein Gesicht huschte.

Einfach stillsitzen, nichts tun, der Frühling kam. Doch es war so schwer, nichts zu tun, es war eine harte, dunkle und sehr traurige Zeit.

„Als man ihre Jungen in den Fluss warf, miaute die Katzenmutter so kläglich, dass die Weiden am Ufer ihre Äste hinunter steckten, damit sich die Kätzchen daran klammern konnten. Seit diesem Tag wachsen der Weide jedes Frühjahr Kätzchen, weich, wie ein Katzenfell." (Eine Sage aus Polen)

Zwei Heimatlose

Im folgenden Sommer stand auf einmal so ein großes dunkelgrau-braunes Katzenwesen vor der Haustür. Eine Nachbarin meinte: „Die gehört bestimmt dahinten in dieses Neubaugebiet, wo immer mehr Wohnungen bezogen werden."

Doch dieses Wesen blieb vor unserer Haustür sitzen und verschwand nur mal kurz. So stellten wir bei uns eine Katzenfalle auf.

Nachts hörte ich ein Geräusch. Überraschung! Ein Igel war in der Falle. Der Arme wurde schnell befreit. So war es noch zweimal. Also, Katze fangen klappte nicht und wir brachten die Falle wieder zurück.

Die Katze aber blieb an der Haustür sitzen, auch als es kälter wurde.

Inzwischen war es Februar, die Winterjahreszeit mit Frost und Schnee. Da saß eines Morgens eine tiefschwarze Katze vor der Terrassentür.

„Wo gehörst du denn hin?" fragte ich.

Sie huschte weg, kam aber sofort wieder. Ich konnte nicht anders und musste ihr Futter geben. Sie war sehr scheu. Dann ließ sie sich einige Tage nicht sehen und ich dachte, sie hat ihr Zuhause wiedergefunden. Doch nach ungefähr einer Woche stand sie wieder auf der Terrasse.

Als sie weglief, sah ich, dass dort, wo sie gesessen hatte, ein größerer Blutfleck war. Nun mussten wir wieder eine Falle holen. Es dauerte mehrere Nächte, bis sie in der Falle war. Da es Nacht war, brachte ich die Falle in den Keller und legte eine Decke darüber. Morgens fuhren wir mit ihr zum Tierarzt.

Er sagte: „Nicht mehr lange und er wäre kläglich gestorben."

Fast der ganze Schwanz musste amputiert werden. Sie war also wieder ein Kater und nicht registriert. Er wurde auch gleich kastriert und logierte, bis die Fäden gezogen werden konnten, in einem Kellerraum. Er war unglaublich scheu und verkrümelte sich hinter irgendwelchen Kisten. Das Körbchen mied er. Was hatte er Schlimmes erlebt?

Wir öffneten ein Kellerfenster, damit er nach den zehn Tagen wieder in die Freiheit flüchten konnte.

Er ist in Hausnähe geblieben. Ich gab ihm den Namen „Momi". War er vielleicht ein Nachkomme von unserem damaligen Momo?

Nun hatte ich wieder drei Katzen.

„Rosen haben Dornen, Katzen haben Krallen, beide sind sie würdig, es mit Ihnen aufzunehmen." (Robert Southney)

Ach, da war ja auch noch das große graubraune Wesen. Ein erneuter Versuch mit der Falle klappte endlich. Es war auch ein Kater und nicht registriert. Er wurde kastriert und lebte, bis die Fäden gezogen werden konnten, in der Garage.

Der Arzt meinte, da steckte ein halber Wildkater drin, am besten 20 Kilometer weit weg in die Natur fahren und ihn irgendwo im Wald freilassen.

Ich konnte es nicht! Jetzt hatte ich wieder vier Katzen.

Was mich sehr bedrückte, war, dass sich meine beiden Glückskatzen überhaupt nicht vertrugen. Man konnte fast sagen, sie hassten sich.

Nach ungefähr zwei Jahren war Momi noch genau so scheu wie am Anfang, er saß fast immer vor der Terrassentür. Fraß er, durfte ich ihn inzwischen ein bisschen am Köpfchen kraulen. Er musste Schlimmes erlebt haben!

Momi suchte, so kam es mir vor, keine Beute, manchmal schaute er fast ratlos und wartete geduldig auf Futter.

Beschäftigte ich mich im Garten, waren Flitzi, Momi und Moppel (der halbe Wildkater) immer in der Nähe, es war ein schönes Gefühl. Da fiel mir ein vor langer Zeit gelesener Satz ein:

„Gute Gesellschaft ist selbstverständlich die, in der man sich wohl fühlt."

Alles ist im Wandel

Nur Sweety passte das alles nicht, sie fühlte sich nicht wohl. Doch dafür war sie im Haus Königin.
    Es war einfach schön und da kam mir folgender Gedanke in den Sinn:

> „Das Glück besteht nicht darin,
> dass du tun kannst,
> was du willst, sondern darin,
> dass du immer willst, was du tust."
>
> (Gute Worte von Leo Tolstoi!)

Eines Nachmittags war ich bei einer Freundin zum Kaffee eingeladen. Abends auf dem Heimweg hörte ich plötzlich ein „Miau" neben mir, schaute zur Seite und staunte – da war Sweety. Bis nach Hause waren es noch mehrere hundert Meter. Sie muss mir hinterher gelaufen sein, als ich mit dem Fahrrad zu der Freundin gefahren war. Sie hatte sich wohl nicht über die stark befahrene Straße getraut und dort in einem Garten gewartet, bis ich zurückkam. Das war ein paar Stunden her. Wenn ich nun einen anderen Heimweg genommen hätte? Diesen Gedanken bloß nicht weiter spinnen!
    Danach passte ich aber besser auf und wenn ich es merke, nahm ich sie und brachte sie erst zurück nach Hause.
    Auf einmal ist wieder Erinnerung im Spiel.

Als ich vor vielen Jahren einmal mit dem Fahrrad in die Stadt fuhr, hörte ich plötzlich ein klägliches „Miau" neben mir auf dem Fußweg. Ich sah nach rechts, da lief mit langen Sprüngen Ruby neben mir her und war völlig kaputt. Ich glaube, sie wollte mir sagen: „Fahr doch nicht so schnell!"

Ich war platt! Also packte ich sie hinten in den Einkaufskorb und fuhr wieder mit ihr zurück.

Ach, es gibt noch so vieles zu erzählen.

Einmal im Winter stapfte Ruby durch den Schnee. Sie stapfte wirklich, ich glaube, es war ihre erste Begegnung mit dieser „weißen Masse". Und auf einmal hatte ich ein Bild vor meinen Augen: Diese bunte Katze im Schnee hatte Ähnlichkeit mit Yaks in der Mongolei. Diese bekommen manchmal wegen der eisigen Kälte im Winter zum Schutz bunte Decken über den Rücken gelegt, damit sie nicht so viel Fett verlieren.

Bei der Gartenarbeit wurde ich oft beobachtet: An drei, vier Plätzen lagen oder saßen die Katzen und staunten, was es alles so zu tun gab (es sah jedenfalls so aus). Vielleicht wollten sie mir auch nur verklickern: Es war doch so schön, einfach faul zu sein.

Manchmal lag ich auch faul, halb in der Sonne, halb im Schatten. Vor allem, wenn ich Momi so beobachtete, wie er nichts tat und sich in der Sonne aalte, war das schon sehr ansteckend.

Manchmal kam Sweety nach einer langen Nacht in der Natur morgens heißhungrig in die Küche. Ich glaube, sie wusste auch nicht, wie man Mäuse fing und sah mich miauend hungrig an, und ich musste manchmal lachen.

Da ist mir einmal Joachim Ringelnatz eingefallen:

„Aus meiner tiefsten Seele zieht
Mit Nasenflügelbeben
Ein ungeheurer Appetit
Nach Frühstück und nach Leben."

(Joachim Ringelnatz)

Ich muss sagen – da war was dran. Denn war Sweety satt, verschwand sie wenigstens für eine Stunde wieder im Garten und suchte Leben.

Flitzi konnte sich gut vor einer Maus platt auf den Bauch legen und geduldig warten, bis die Maus wieder ihre Tätigkeit aufnahm. Dann aber „flitz".

Als nach einigen Wochen Flitzi mit einem Stück Schlauch spielte, fielen mir diese Worte ein:

> *„Wenn Katzen die Welt regierten,*
> *würde aus dem Wasserschlauch Sahne fließen,*
> *gäbe es Mäuse in allen Geschmacksrichtungen*
> *und Regen würde abgeschafft."*
>
> (Stuart und Linda MacFarlane)

Manchmal versuchte Flitzi, an die Türklingel zu kommen, sie konnte sich sehr lang strecken. Wie sagte Martin Luther?

> *„Wo der Glaube ist,*
> *da ist auch ein Gelingen."*
>
> (Martin Luther)

Flitzi gab die Hoffnung nicht auf und wie ich sie kannte, würde sie es eines Tages schaffen.

Moppel dagegen war ein ausgesprochener Faulenzer und genoss das in vollen Zügen.

Schien die erste Frühlingssonne, aalten sich die Katzen genüsslich. War das die Freude, dass der Winterschlaf vorüber war? Oder begann da die Frühjahrsmüdigkeit? Ich habe es noch nicht herausgefunden.

Von regelmäßiger Fußpflege hielten unsere Katzen viel. Sie sind zu beneiden, mit welcher Geschmeidigkeit sie an ihre Krallen kamen. Ach, wenn ich das doch auch so elegant könnte!

War ich bei Yogaübungen, kam manchmal Sweety dazu und schaute interessiert zu. Lag sie dann mit ihrem Bauch nach oben auf einem Stuhl und streckte sich fast doppelt so lang, wie sie war, und hatte alle Viere weit von sich gestreckt, erinnerte es tatsächlich an Yoga – beide Arme einatmend über den Kopf nach hinten legen. Nur, sie konnte es viel besser als ich.

Danach war aber der Staubsauger wieder dran, denn:

„Eine Katze hat 40 Millionen Haare.
5 Millionen auf dem Rücken,
10 Millionen auf dem Bauch und
25 Millionen auf dem Sofa bzw.
auf dem Stuhl."

(Midas Dekkers)

Könnte stimmen, ich habe sie noch nicht gezählt!
Überhaupt zeigen Katzen deutlich:

„Schlaf ist die beste Art
der Meditation."

(Dalai Lama)

Es gibt immer wieder etwas Neues in der Natur, worüber man wirklich nur staunen kann.

An der Nordwestseite unseres Hauses haben wir sechs Schwalbennester. Kamen die Schwalben im Frühjahr wieder, war viel los da unterm Dach und die Nester reichten nicht.

Im letzten Jahr gab es eine Riesenüberraschung. Ich arbeitete unterm Apfelbaum, da fiel mir plötzlich ein auffälliges Hin- und Herfliegen auf. In diesem Ausmaß war es an dieser Südostseite des Hauses noch nie gewesen. Also setzte ich mich etwas versteckt hin und beobachtete dieses Treiben. Da flogen Mehlschwalben in Scharen zu einer Halbhöhle am Haus direkt unterm Dach. In dieser Halbhöhle hatten jahrelang Grauschnäpper genistet.

Die Schwalben waren eher da und binnen ein paar Tagen hatten sie mit Lehm und Spucke aus der Halbhöhle ein Schwalbennest mit einem kleinen Loch gezimmert.

Als die Jungen dann schlüpften, flogen unzählige Schwalben – mit Warteschlange – in das Loch, um zu füttern.

Das war schon spannend und das fanden auch die Katzen im und unterm Apfelbaum und beobachteten diese Vielfliegerei.

Aber es geht noch interessanter!

In diesem Jahr lagen unter den sechs Nestern vorne am Haus braungefleckte Eierschalen, ab und zu auch bräunliche Federn. Ich habe einige Schalenstücke aufgehoben.

Eigentlich konnte es nicht sein, doch ein Bekannter meinte: „Das sieht nach einer Rauchschwalbe aus, aber diese benutzen doch andere Nester. Es könnte auch eine Felsenschwalbe sein", weil ab und zu beige-braune Federn unter einem Nest lagen.

Was waren das für Geister?

Während die Mehlschwalben im September alle gen Süden abgeflogen waren, wurde Mitte Oktober noch jemand in einem Nest gefüttert. War es vielleicht doch eine Rauchschwalbe?

Es wurde Winter und wieder Frühling. Langsam erwachte die Natur, die Igel schliefen noch. Doch plötzlich war es so weit, Schneeglöckchen, Krokusse, alles fing an zu blühen, es war ein Traum.

Die Schwalben kehrten zurück und zankten sich wie immer mächtig um die Nester, brüteten fleißig und – ich staunte vielleicht – nur unter einem Nest lagen wieder braungefleckte Eierschalen.

„Horch, von fern ein leiser Harfenton! Frühling, ja du bist's, dich hab ich vernommen!"

Mir kam es vor, als summte in jeder Blüte eine Wildbiene oder eine Hummel. Manchmal landete auch eine an meiner Hand oder meinem Arm, es war herrlich.

„Es gibt kein Alter, in dem alles so intensiv erlebt wird, wie die Kindheit. Die Großen sollten sich gelegentlich daran erinnern, wie das war." (Sehr kluge Worte von Astrid Lindgren)

Als ich im folgenden Herbst von jetzt auf gleich abends ins Krankenhaus gebracht werden musste, versorgte eine gute Freundin meine vier Katzen, morgens und abends.

Gar nicht so leicht, denn Momi belagerte die Tür an der Terrasse und bekam auch da sein Futter, während Flitzi und Moppel die Haustür besetzten und da ihr Futter bekamen.

Wie alles regeln, da Sweety vor allen Angst hatte? Also blieb sie nachts im Haus und konnte erst nach dem Frühstück in die Natur.

Es klappte alles prima. Einfach danke, danke, danke.

Als mich die Freundin im Krankenhaus besuchte, berichtete sie: „Alle 16 Beine sind wohlauf."

Manchmal fehlen einem einfach wirklich die Worte, um es richtig auszudrücken. Danke, es ist wunderbar!

Wieder zu Hause, war es gut, die 16 Beine um mich zu haben.

Ja, die dunkle Jahreszeit.

Sweety wurde krank, wieder war Weihnachtszeit. Der Tierarzt versuchte alles, doch Sweety ging es immer schlechter – es gab keine Hoffnung mehr.

So kam im Januar wieder so ein schwarzer Tag und meine liebe Sweety musste erlöst werden. Der Tierarzt kam zu mir nach Hause, weil ich nach einem Sturz nicht laufen konnte. Ich war und bin ihm sehr dankbar, dass er kam.

Es war schon sehr spät, als er kam und wir haben uns noch eine Zeit lang unterhalten. Danke.

In der Nacht liefen die Gedanken, es war ja wieder einmal ein Donnerstag.

Ungefähr vier Wochen später wunderte ich mich, dass „Moppel", der halbe Wildkater, einen ganzen Tag lang nicht zum Fressen kam. So ging ich in den Keller, wo ich von einem Fenster in seine Schlafkiste sehen konnte. Er lag lang ausgestreckt in seiner Kiste und hatte alle vier Pfötchen lang nach vorn gestreckt – er war auch „eingeschlafen".

Nun hatte ich nur noch zwei Fellbündel in meiner Nähe: Flitzi, tagsüber in der Natur und nachts im Keller, und Momi, der überall Verstecke hatte und nur zum Fressen auf der Terrasse erschien.

Danke

Auf einmal fällt es mir schwer, alles zu beenden. Doch, was alles noch an Aufgeschriebenem in der Kiste ist, sind zwar für mich schlimme Erinnerungen, doch haben diese nichts mit meinen Katzen zu tun.

Eine riesige Hoffnung, nur eine Hoffnung auf ein kleines Kätzchen brachte den Stein der Erinnerungen ins Rollen und ich begann, die Gedanken zu Papier zu bringen, nicht ahnend, welches Ausmaß dieser rollende Felsen der Erinnerungen annehmen würde. Noch rollt er weiter, aber der Karton, gefüllt mit beschriebenen Zetteln vergangener Jahrzehnte, ist leerer geworden.

Den endgültigen Schubs für diese vielen Zeilen gaben mir damals meine beiden süßen Katzenkinder Ruby und Rawi. Die Katzen haben mir immer viel geschenkt. Es lässt sich manchmal nicht mit Worten ausdrücken.

Ich bin so dankbar, auch für die große Hilfe und Unterstützung von Verwandten, Freunden und Nachbarn.

Auch noch einmal ein ganz herzliches Danke an alle lieben Menschen, welche mir immer zur Seite standen.

Ein lieber Gruß an alle, welche diese ganzen Zeilen gelesen haben. Danke!

novum VERLAG FÜR NEUAUTOREN

Bewerten
Sie dieses Buch
auf unserer
Homepage!

www.novumverlag.com

Die Autorin

Karin Reluc wird 1939 in Lauban in Niederschlesien geboren. 1947 wird ihre Familie ins Erzgebirge in der DDR vertrieben. 1958 gelingt der Familie über Berlin die Flucht in den Westen. Karin Reluc heiratet schließlich, bekommt einen Sohn und schafft sich mit ihrem Mann ein Haus- und Gartenparadies mit verschiedenen Vogelarten, Kaninchen und Igeln.

Doch vor allem Katzen spielen im Leben von Karin Reluc eine besondere Rolle. In MeGaPeKaLi – Meine ganz persönliche Katzenliebe – gibt sie einen Einblick in ihre persönliche Katzengeschichte und lässt die Leser an ihren Erlebnissen mit ihren Katzen teilhaben. In Rückblicken erzählt sie ihre bewegte Lebensgeschichte und teilt ihre Erinnerungen.

Der Verlag

„ *Wer aufhört
besser zu werden,
hat aufgehört
gut zu sein!*

Basierend auf diesem Motto ist es dem novum Verlag ein Anliegen neue Manuskripte aufzuspüren, zu veröffentlichen und deren Autoren langfristig zu fördern. Mittlerweile gilt der 1997 gegründete und mehrfach prämierte Verlag als Spezialist für Neuautoren in Deutschland, Österreich und der Schweiz.

Für jedes neue Manuskript wird innerhalb weniger Wochen eine kostenfreie, unverbindliche Lektorats-Prüfung erstellt.

Weitere Informationen zum Verlag und
seinen Büchern finden Sie im Internet unter:

w w w . n o v u m v e r l a g . c o m